어디선가 나의 책을
읽고 있을 후배에게

안녕? 이렇게 얘기를 나누게 돼서 진심으로 반가워.

어쩌다 네가 이 책을 읽게 되었을지 궁금하네. 부모님이 추천해 주셨을까? 아니면 호기심이 동해 네가 직접 골랐을까? 어떤 경우든, 네가 이 책을 읽기 시작한 순간부터는 이제 우리 둘만의 시간이야. 부디 이 시간이 끝날 때 네 고민의 실타래도 풀려 있길 바랄게.

나는 공부를 아주아주 잘하는 사람은 아니야. 나보다 공부를 잘하는 사람은 세상에 정말 많거든. 나는 그저 공부라는 길을 너보다 먼저 걸어가 본 선배일 뿐이야. 한때는 공부가 세상에서 가장 싫은 학생이었지. 그러다 공부란 걸 해 보게 됐고, 많은 시행착오와 우여곡절 끝에 내가 원하는 만큼은 잘하게 되었어.

그 과정에서 배운 것들, 경험으로 깨우친 것들을 혹시 네가 필요하다면 나눠 주려고 해. 성공한 이야기뿐 아니라 실패한 이야기나 부끄러운 경험도 다 이야기해 줄게.

물론 내가 세상의 모든 진리를 아는 건 아니고, 내가 하는 말이 다 맞는 것도 아닐 거야. 내 말을 무조건 다 따라야만 비로소 공부를 잘할 수 있는 건 절대 아니니까 부담 가질 필요는 없어.

다만 나는 이 책을 통해 '이렇게 해 보니 좋았더라' 이런 얘기들을 하려 해. 내 얘기가 괜찮게 들린다면 따라 하면 되고, 실천해 봤더니 '별로네, 다른 방법이 낫겠다' 싶으면 그것도 좋은 태도야. 난 단지 네가 이 책을 읽는 동안 공부에 관한 너만의 생각을 키워 봤으면 좋겠어. 그럼 우리가 함께 이야기를 나눈 시간은 그걸로 충분히 가치가 있을 거야.

서론이 너무 길면 지루하겠지? 자, 이제 공부에 관한 대화를 본격적으로 시작해 볼까?

2023년 4월
박철범

어디선가 나의 책을 읽고 있을 후배에게

3장

계획 관리

설계도만 잘 짜도 90% 성공이다

4장

시간 관리

남들보다 인생을 2배로 사는 비법

5장 사교육을 잘 활용하는 노하우

학원 관리

6장 공부 열정을 지속시키는 비결

의욕 관리

주요 과목에서 만점을 받는 법

"혹시 공부를 통해서 이루고 싶은 꿈이 있어? 꿈이 있는 사람은 공부가 힘들지 않아. 오히려 즐거운 일이지. 꿈을 향해 한 걸음씩 나아가는 설렘의 시간일 테니까. 그러니 만약 힘든 공부의 과정을 버티고 싶다면, 공부를 하는 너만의 이유부터 찾아야 해. 지금부터 나눌 이야기가 네 꿈을 찾는 데 꼭 도움이 되면 좋겠어."

1장 진로와 꿈

꿈이 있으면
공부가 쉬워진다

꼭 꿈이 있어야
공부를 잘하나요?

좋은 질문이야. 그러게, 꼭 꿈이 있어야 공부를 잘하는 걸까? 결론부터 말하면 난 그렇지 않다고 생각해. 꿈이 없어도 공부는 잘할 수 있지.

나는 서울대학교도 다녀 보고 고려대학교도 다녀 봤어. 거기서 정말 많은 '공부 천재'를 만났지. 가끔 난 그 애들한테 "넌 꿈이 뭐야?" "뭐가 되고 싶어서 여기에 온 거야?"라고 물어보곤 했는데 대부분 어떻게 답했는 줄 알아?

"난 딱히 그런 거 없었는데?"라는 대답이 가장 많았어. 아무 생각 없이 열심히 공부했더니 어느새 서울대에 들어와 있더라, 선생님이나 부모님께 칭찬받는 게 좋아서 공부했다, 내 한계가 어디까지인지 시험해 보고 싶었다, 심지어 친구들과 경쟁해서 이기는 게 좋았다는 대답도 있었어. "분명한 꿈이 있어서 열심히 공부했고 그래서 공부를 잘하게 되었다"라고 말하는 애들은 별로 없더라고.

생각해 보면 당연한 이치야. 공부를 잘한다는 건 시험 성적이 잘 나온다는 말인데, 그건 결국 공부를 얼마나 많이 했는가에 달려 있는 거니까. 그저 예습 복습을 잘하고, 외워야 할 것을 잘 외우고, 문제집을 많이 풀면 누구라도 어느 정도 성적은 나오겠지. 꿈 따위와 관계없이 말이야. 부끄러운 고백이지만 나 역시도 그랬던 것 같아.

나는 고등학교 1학년이 끝날 때까지 하위권 학생이었어. 그러다 정신을 차려서 고2에 올라가면서부터 열심히 공부했고, 결국 서울대학교 공과대학에 합격했어.

그런데 돌이켜 보면 그때 내가 특별한 꿈을 가졌던 건 아니었어. 그저 '성적이 올랐으면 좋겠다' '좋은 대학, 좋은 학과에 들어갔으면 좋겠다' 이런 막연한 희망 정도만 갖고 있었어. 공과대학이라는 학과도 그래. 그저 수능 성적에 맞춰서 원서를 넣은 거야. 의대에 갈 성적까지는 안 되어 어쩔 수 없이 공과대학에 원서를 썼는데 운 좋게 합격한 거지.

고등학교 때의 나는 행복하지 못했어. 단지 눈앞의 문제 풀기에만 급급했고, 오르내리는 성적에 초조했을 뿐. 게다가 집안 형편도 안 좋아서 그런 현실을 잊기 위해 더욱 공부에만 매진했던 것 같아. 일종의 현실도피라고 생각해. 공부에 집중하는 동안에는 안 좋은 생각이나 미래에 대한 불안, 심지어는 (뭔지도 모르겠는) 꿈에 대해서도 잊을 수 있었으니까.

그런데 계속 꿈 없이, 그저 목표한 점수에 도달하기 위해 공부했던 건 아니야. 나도 꿈을 가지고 공부한 적이 있어. 바로 고려대학교 법학과와 대학원에 진학해서 내가 하고 싶던 법학 공부를 했던 시기야. 사실 나는 공과대학이 나와 맞지 않는다는 걸 깨닫고 서울대학교를 자퇴한 뒤 진로를 변경했거든. 수능을 다시 본 후 비로소 내 꿈에 맞는 공부를 하게 된 거야.

단지 눈앞의 수능 점수를 위해 공부하는 것과 내가 되고 싶은 모습을 위해 공부하는 건 완전히 다른 일이더라. 뭐랄까, 공부가 좀 더 쉬워졌달까? 그런 느낌이었어. 공부하는 내용 자체가 쉬워졌다는 말이 아니야. 공부하는 시간이 덜 힘들어졌다는 뜻이지.

고등학교 시절 꿈 없이 공부했을 때는 조금만 힘들어도 다 포기하고 도망치고 싶었거든. 그런데 변호사 시험을 준비하던 시기에는 그런 마음은 하나도 들지 않았고 오히려 하루하루가 감사하더라고. 왜냐면 꿈을 향해 달려 볼 기회가 나에게 주어진 거니까.

꿈이 있으면 공부가 쉬워진다

물론 공부는 여전히 힘들었어. 특히 법학 공부는 외울 것도 많고 이해가 안 되는 내용도 많았으니까. 돌아보면 정말 힘든 공부였지만 내가 하고 싶었던 공부라서, 내 꿈이 여기에 있으니까 그 힘든 과정도 잘 견딜 수 있었던 것 같아.

내 나이가 아주 많은 것은 아니지만 살아오면서 인생이 짧다는 사실을 자주 느꼈어. 시간이 진짜 금방 지나가더라고. '이렇게 시간이 빨리 지나간다면, 내가 뭘 하면서 살든 금방 끝나겠다'는 생각도 들어.

이토록 짧은 게 우리 인생이라면 꼭 행복하게 살아야 하지 않을까? 공부를 하든 안 하든 말이야. 그리고 공부란 것을 해 보기로 결심했다면 또는 해야만 하는 상황이라면, 그 시간도 분명 우리 인생의 한 부분일 텐데 당연히 행복해야 하지 않을까?

그래서 꿈을 가져 보라는 거야. 물론 꿈이 없어도 공부는 잘할 수 있어. 그러나 나는 네가 좀 더 즐겁게 살았으면 좋겠어. 만약 네가 공부를 안 하고도 평생 즐거움을 누릴 수 있다면, 그건 그것대로 좋은 일이겠지. 그러나 먼 미래의 즐거움을 위해 지금은 공부를 해야 한다면 선배로서 권하건대 '꿈'을 한번 가져 봤으면 좋겠어. 그게 뭐가 됐든 말이야.

원하는 것이 있고, 그것을 손에 넣기 위해 노력하는 과정은 신이 우리 인간에게 주신 몇 안 되는 즐거움 중에 하나라고 생각해. 그러니 '어차피 난 안될 거야' 혹은 '괜히 헛된 희망을 품고 싶지 않아. 그저 맘 편히 살고 싶어'라는 생각은 마음속에서 지우고 꿈을 가져 볼 용기를 내자.

처음에는 높은 하늘을 나는 파랑새 같겠지. 절대 손에 잡히지 않을 것처럼 보일 거야. 그러나 한 발씩 올라가다 보면 어느새 손에 잡혀서 파닥거리는 게 꿈이야. 생각보다 어렵지 않아.

꿈이 있으면 공부가 쉬워진다

나에게 딱 맞는
직업은 뭘까요?

어떤 직업을 내 꿈으로 삼아야 할까? 많은 학생이 궁금해하고 굉장히 중요한 부분이지. 그런데 막상 진로를 정할 때 실수를 저지르는 사람들이 많아. 그것은 그 직업이 얼마나 유망한지, 얼마나 돈을 잘 버는지 혹은 얼마나 안정적인지만을 기준으로 진로를 선택했기 때문이야.

나는 딱 두 가지만 조언하고 싶어. 첫째는 '직업을 파악하기 전에 나를 먼저 파악하라'는 거야. 즉 그 직업 자체가 얼마나 전도유망한지 또는 돈을 많이 버는지에 관심을 갖기 전에, 나라는 사람이 어떤 사람인지 먼저 알아야 한다는 뜻이야. 여기에 관해서도 역시 내 경험을 말하는 게 좋을 것 같아.

나는 10대 때부터 내가 리더에 어울리지 않는다는 사실을 알고 있었어. 예컨대 팀을 이끌거나 사람들을 모아 정해진 목표를 향해 나아가게 만드는 일은 예전부터 절대 내 스타일이 아니었지. 중학교 2학년 때 얼떨결에 반장을 맡은 적이 있었는데, 지금까지 겪은 일 중 가장 끔찍한 악몽으로 남아 있어.

반면 나는 누군가를 일대일로 설득하는 상황에서는 꽤 마음이 편했던 것 같아. 눈치도 빨라서 상황이 어떻게 돌아가는지 금세 파악하곤 했지.

이런 건 꼭 무슨 적성검사를 받아야만 알 수 있는 건 아니야. 그냥 경험으로 아는 거지. 대단한 경험이 필요한 것도 아니고 말이야. 그러고 보니 생각나는 사건이 있네.

고등학교 때 우리 반에 어떤 아이가 있었어. 그런데 어느 날 걔가 나에게 쭈뼛거리며 다가오더니 조심스럽게 얘기하는 거야. 자기가 좋아하는 여자애가 있는데 고백을 하고 싶다고, 그런데 마주할 용기가 나지 않아 편지로 대신하려는데 뭘 어떻게 써야 할지 도무지 모르겠다고.

그래서 내가 "혹시 써 둔 것 있어?" 하니까, 자기가 쓴 편지를 보여 주는데 정말 기가 막히더라. 첫 줄부터 자기 어필을 한답시고 쓰여 있는 말이 "너는 모르겠지만, 사실 난 싸움을 정말 잘해"였어.

이건 아니다 싶어서 얼른 고쳐 줬지. 온종일 고심해서 써 줬는데, 며칠 후에 걔가 나에게 빵과 음료수를 가져다주는 거야! 내가 쓴 편지를 읽은 그 여자애가 감동했고 자기랑 사귀기로 했다나? 그때 나는 깨달았어. '아, 내가 이런 걸 잘하는구나!'

살다 보니 그런 상황이 계속 반복되더라고. 말이나 글을 가지고 누군가를 일대일로 설득해야 하는 상황 말이야. 그래서 과외를 할 때도, 수능을 두 달 앞두고 공부를 시작한 학생을 법학과에 합격시킬 수 있었어. "선생님이 알려 준 방법대로 공부했더니 수능 점수가 정말 많이 올랐어요!"라는 말도 많이 들었지. 그때 나는 이런 생각을 했어. '학생들을 가르치는 게 내 적성에 맞나 봐! 혹시 내 길은 교육자인가?'

과외 교사로, 학원 강사로 인기를 얻다 보니 또 다른 도전을 해 보고 싶더라. '내가 알려 주는 공부 방법이 효과가 있나 보다. 다른 학생들도 도움을 받을 수 있도록 책으로 한번 만들어 볼까?' 그래서 밤마다 틈틈이 글을 썼고, 다행히 좋은 기회를 만나서 정식으로 출간하게 됐어. 책이 베스트셀러가 됐고, 연달아 출간하는 책들도 계속 베스트셀러가 됐어. 그때는 이런 생각이 들었지. '책을 쓰는 게 내 적성에 맞나 봐! 혹시 내 길은 작가인가?'

책의 인기 덕분인지 방송국에서도 나를 부르더라. TV에 출연하거나, 전국을 다니며 강연을 했어. 나에게도 재밌는 시간이었고, 사람들도 "공부 이야기인데 신기하게도 재밌어요" "요즘 슬럼프에 빠져 힘들었는데 도움이 많이 됐어요"라며 좋아해 주었어. 그때는 또 이런 생각을 했지. '강연가가 내 적성에 맞나 봐! 혹시 내 길은 강연가인가?'

난 지금은 변호사로 살고 있는데 이것도 너무 만족스러워. 물론 내가 모든 재판에서 이기는 뛰어난 변호사라는 뜻은 아니야. 단지 나에게 잘 맞는 것 같아. 이 일도 지금까지 내가 해 오던 것과 다르지 않다고 생각해. 변호사가 하는 일은 말이나 글로 판사 또는 수사 기관을 설득하는 거야. 소장이나 준비서면 또는 변호인의견서를 쓰면서, 법정에서 말로 변론을 하면서, 왜 우리 의뢰인이 재판에서 이겨야 하는지 증거와 논리를 가지고 일목요연하게 설득하는 일이지.

만약 사회적으로 의미 있는 활동을 통해 경제적 소득을 얻는 일을 '직업'이라고 정의한다면, 나는 분명 직업이 여러 번 바뀌었어. 과외 교사, 학원 강사, 작가, 강연가, 그리고 지금 하는 변호사까지. 그렇다면 여기서 질문!

어느 직업이 나와 가장 잘 맞을까? 네가 생각할 때 내 길은 어디에 있는 것 같아? 과연 어떤 직업이 정답일까? 이 질문에 대한 대

꿈이 있으면 공부가 쉬워진다

답이, 내가 너에게 하고 싶은 두 번째 조언이야.

직업에 정답은 하나만 있는 게 아니야. 네 성격과 적성에 맞는 일이라면 무엇이든 다 너의 길이 될 수 있어. 우리는 살면서 나에게 맞는 직업이 딱 하나만 있을 거라고 생각해. 마치 그게 정답이고 나머지는 오답인 것처럼, 꼭 시험처럼 생각하지. 그런데 삶은 그렇지 않거든. 그러니 '어떤 직업을 고를까?'보다 '나는 어떤 삶을 원할까?'라는 질문을 던져야 해.

그러려면 나 자신부터 알아야겠지? 예컨대 나의 경우, '사람들 앞에 나서기는 싫어하지만 창의적으로 뭔가를 만들어 내는 것은 좋아한다. 말이나 글로 누군가를 상담해 주거나 설득하는 일에 능숙하다. 조직에 얽매이는 것을 싫어하고 혼자 일하는 것을 즐긴다'라는 특징이 있어. 그러니 나로서는 학원 강사든, 작가든, 강연가든, 변호사든 사실은 다 같은 스타일의 삶이었기에 모두 만족스러웠고 성과도 좋았던 거지.

어떤 직업을 골라야 할지 잘 모르겠다고? 그렇다면 스스로가 어떤 사람인지 생각해 보렴. 네가 생각할 때 너는 어떤 사람이야? 평소에 뭘 좋아하고 뭘 싫어해? 네 주위 사람들은 너에 대해서 뭐라고 말해? 사람들에게 칭찬이나 인정을 받을 때는 주로 어떤 상황이었어?

삶에 대한 태도는 살아가면서 바뀔 수 있어. 그러나 너의 천성과 재능은 엄마 배 속에 있을 때부터 정해진 거야. 그러니 "어떤 직업이 좋은 직업일까?"라는 질문보다 "나는 어떤 사람일까?"라는 질문에 대한 해답을 찾는 게, 가장 빠르고 현명한 진로 선택법이라고 생각해.

공부 말고 다른 길도 많지 않나요?

맞아. 공부는 살면서 걸어 볼 수 있는 여러 길 중에 하나일 뿐이야. 그러니 꼭 공부라는 길을 가야 한다는 법은 없겠지.

특히 공부 외의 분야에 특출한 재능이 있는 경우라면 더더욱 그 길에 매진해야 한다고 봐. 솔직히 그렇잖아. 만약 대한민국을 빛낸 운동선수들이나 세계적인 K-POP 스타들이 자신의 재능을 깨닫지 못하고 수능 영단어만 외웠다면, 본인에게나 우리에게나 얼마나 안타까운 일이겠어?

문제는 나한테는 그런 재능이 없었다는 거야. 음악이든, 미술이든, 체육이든, 아니면 외모든 딱히 타고난 게 없었지. 말 그대로 지극히 평범한 학생이었어.

그래서 나는 공부를 택했어. 공부에 뛰어난 재능이 있어서가 아니라, 다른 분야에 특별한 재능이 없었기 때문이야. 그나마 공부는 당장 할 수 있으니까 그거라도 열심히 해본 거지.

물론 나도 다른 길에 눈을 돌린 적이 있어. 대학교 다닐 때는 창업을 하기도 했고, 졸업 후에는 회사 생활도 했어. 잠깐이나마 공직에도 있어 봤지.

법학으로 진로를 정하고도 '혹시 내 길은 다른 곳에 있지 않을까?'라는 생각에 방황했던 것 같아. '꼭 공부만이 정답일까? 굳이 공부하지 않아도 돈을 많이 벌거나 인기를 크게 얻으면서 성공할 수 있지 않을까?' 이런 생각으로 여기저기 많이 기웃거렸어.

결론은, 역시 내 길이 아니더라고. 그래서 마음을 접고 법학전문대학원으로 진학했어. 3년 동안 변호사 시험을 준비하면서 내 기분이 어땠는지 알아?

행복했어. 마치 막무가내로 집을 나갔다 뉘우치고 돌아온 기분이었지. 그리고 내 지난날의 죗값을 속 시원하게 치르는 기분도 들었어. 나의 길이 여기에 있음을 알면서도, 모른 척 다른 곳을 기웃거렸던 지난날에 대한 대가를 치르는 시간이니까. 그런데 아이러니하게도, 그 대가라는 것이 내가 원래 하고 싶었던 공부를 열심히 하는 것이었으니 행복할 수밖에.

꿈이 있으면 공부가 쉬워진다

인생에서 공부가 전부냐고? 당연히 아니지. 꼭 공부를 해야 하냐고? 이것도 당연히 아니야. 만약 스스로 생각했을 때 다른 분야에 재능이 있다면 시간 낭비하지 말고 빨리 그 길로 가는 게 좋아. 너와 네 주위 모두를 위해서.

그렇지만 만약 나처럼 평범하고 특별한 재능도 없는 것 같다면, 그럼 공부 한번 해 보지 않을래? 어차피 지금 이거 말고는 딱히 할 일이 있는 것도 아니고 공부를 할 수 있는 기회가 주어진 거잖아? 그렇다면 우리, 감사한 마음으로 일단 최선을 다해 보는 건 어떨까? 앞날은 어찌 될지 모르니까 말이야. 그러니 꿈을 높게 가지고 공부해 보자. 달을 향해 과감히 날아오르면, 설령 달에 이르진 못하더라도 별들 사이에서 빛날 수 있을 테니까.

진로를 선택하는 요령이 뭔가요?

꿈에 대해서는 충분히 얘기한 것 같으니, 이제부터는 진로를 선택하는 구체적인 방법들을 얘기해 볼게. 크게 세 가지야. 읽고! 찾아보고! 발로 뛰어라!

첫째, 다양한 에세이를 읽는 걸 추천해. 즉 그 직업에서 이미 활동하고 있는 사람들이 자신의 삶에 대해 쓴 책들을 많이 읽어 보라는 거지. 책을 읽다 보면 그 직업을 가진 사람들의 생생한 경험담을 접할 수 있고, 내 가슴을 뛰게 만드는 분야를 만나게 될 수도 있어. 나 역시 선배 법조인들이 쓴 책들을 읽고 처음 그 길에 관심을 가지게 됐으니까 말이야.

둘째, 인터뷰도 정말 좋은 자료야. 책이 논리적이고 체계적이라면 인터뷰는 즉흥적이고 좀 더 진심이 담겨 있달까? 그래서 그 직업에 대한 더욱 생생한 정보를 얻을 수 있어.

만약 의사에 관심이 있다면 구글에서 '의사 인터뷰'를 검색해봐. 의사들이 자신의 삶과 일에 대해 인터뷰한 내용이 수두룩할거야. 네가 관심 있는 직업에 관해 최소 10명 이상의 인터뷰를 읽어 보렴. 읽고 나면 그 직업을 가진 사람들은 어떻게 사는지, 어떤생각과 감정으로 하루를 보내는지, 그들의 꿈은 무엇인지 알 수있게 돼.

셋째, 방학 때 원하는 대학교에 실제로 가 보는 거야. 경제학과에 관심이 있다면 명문 대학교 경제학과 건물로 들어가 봐. 들어가서 내가 지금부터 알려 주는 걸 꼭 실천해 봐. 학과 건물에 들어가면 자판기와 의자가 있는 휴게실이 있을 거야. 도서관 근처의벤치 같은 곳도 좋아. 그런 데서 얼쩡거리다 보면 30분 내로 누군가 출몰할 거야. 다소 피곤한 얼굴에, 나이는 좀 있는 듯한 사람이혼자서 커피를 마시러 나올 거야.

그 사람은 대학원생이야. 방학에도 학교에 남아서 연구하는 사람이지. 말을 걸어 보렴. 대학생들은 자기 진로에 대해 잘 모르는경우가 많지만 대학원생들은 그 분야에 대해 정말 잘 알거든. 네가 궁금해하는 모든 것을 친절하게 다 알려 줄 거야.

겁먹지 마. "어라? 고딩이 여긴 어떻게 들어왔어요? 얼른 나가요." 하며 내쫓을까 걱정하지 않아도 돼. 그 대학원생으로서는 자신이 몸담은 학과가 궁금해서 찾아온 학생과 이야기하는 건 상당히 신나는 일이거든. 게다가 또 알아? 네 인생에서 가장 중요한 멘토를 거기서 만나게 될지?

꿈은 이렇게 찾는 거야. 열정을 가지고 찾아다녀야 겨우 만날 수 있는 거지. 수많은 사람들의 에세이를 읽고, 인터넷에서 관련 자료를 밤새 뒤적이고, 심지어 방학 때는 대학교에 무작정 쳐들어가서 누군가에게 말을 걸어보거나, 실제 그 직업을 가지고 있는 사람들에게 다짜고짜 "만나줄 수 있나요?"라는 DM을 보내는 학생이라면 단언컨대 자신의 꿈을 반드시 찾아낼 수 있어.

꿈이 있으면 공부가 쉬워진다

"너만의 사과나무를 멋지게 키워 보겠단 꿈이 생겼니? 그다음에 무엇을 해야 할까? 씨앗을 뿌리는 것? 그보다 먼저 해야 할 것은 밭에서 큰 돌들을 골라내는 거야. 나무가 자라는 걸 방해하는 돌덩이들을 지금 골라내지 않는다면, 나중에 결국 원하는 것을 얻지 못하게 될 테니까. 그러니 우리는 공부를 시작하기 전에, 반드시 공부가 잘되는 환경부터 만들어 두어야 해."

2장 **환경 관리**

저절로 공부가 되는
환경 만들기

공부가 잘되는
환경이 궁금해요

마음 같아서는 공부에 미친 듯이 집중하고 싶은데, 막상 책상에 앉으면 몸이 안 따라주는 경우가 참 많지? 이럴 때는 나의 공부 환경이 어떤지 먼저 살펴보는 게 좋아. 주위를 점검해 적절한 공부 환경을 만들고 나면 집중력은 저절로 생기거든. 그렇다면 공부가 잘되는 환경은 어떻게 만들까? 세 가지 원칙을 소개할게.

1. 공부하는 장소와 쉬는 장소를 명확히 구분하자

"리바운드를 제압하는 자가 시합을 제압한다!"

농구 만화 『슬램덩크』에 나오는 유명한 대사야. '리바운드'란 골대를 향해 던져진 공이 골인되지 않고 튕겨 나왔을 때, 뛰어올라 그 공을 잡아내는 플레이를 말해. 공부에 집중한다는 것은 마치 농구의 리바운드와도 같아. 무작정 뛰어오른다고 해서 공을 잡을 수 있는 것은 아니야. 리바운드를 잘하기 위해서는 세 가지 원칙에 충실해야 하는데, 이것은 공부가 잘되는 환경을 만드는 법과도 정확히 일치해.

첫째, '좋은 위치'를 선점하는 거야. 그래야 공을 잡을 확률이 높아지겠지? 마찬가지로 공부에 집중하기 위해서는 가장 적합한 공부 장소를 정해야 해. 학교, 집, 독서실, 도서관 등 여러 장소 중에 과연 어디서 공부하는 것이 가장 좋을까?

개인적으로 집은 별로 추천하지 않아. 그 이유는 '상태 의존'이라는 심리 현상 때문이야. 용어가 좀 생소하지? 상태 의존이란 '장소와 심리 상태는 연결된다'는 이론이야.

예를 들어 내가 예전에 졸업한 초등학교를 다시 찾아가 본다고 하자. 추억이 새록새록 떠오르면서 자연스럽게 그때 느꼈던 감정도 되살아나지? 이것은 과거의 경험과 장소가 연결되어서, 해당 장소를 다시 찾았을 때 과거의 심리 상태로 돌아갔기 때문이야.

그렇다면 집에서 우리의 심리 상태는 어떨까? 집은 주로 휴식을 취하는 공간이야. 즉, '집 = 휴식'이라는 경험을 반복한 우리의 뇌는 일단 집 안에 들어오는 순간, 무의식적으로 우리의 몸에 긴장을 풀라는 명령을 내려. 그렇게 풀려버린 몸과 마음을 다잡아 공부한다는 것은 보통의 정신력으로는 절대 쉬운 일이 아니지.

집에서 공부도 하고 휴식도 하면 어떻게 될까? 결론부터 말하면 우리의 뇌가 긴장해야 할지, 쉬어야 할지 헷갈리기 시작해. 집에서 공부하려고 책상에 앉으면 잠이 오는 경우가 있지? 그런데 막상 자려고 누우면 다시 머릿속이 맑아지는 경험을 한 적이 있을 거야. 우리의 뇌가 '긴장해야 할지, 쉬어야 할지' 헷갈려서 그래.

따라서 공부에 집중하려면, 공부하는 장소와 쉬는 장소를 확실히 구분해 주는 게 좋아. 나는 그날 목표한 공부는 반드시 모두 학교에서 끝낸다는 원칙을 세웠어. 어쩌다가 일찍 학교를 마치는 날에는 곧바로 도서관으로 갔지. 집에서는 절대로 공부하지 않았어.

이런 습관을 통해 나의 뇌는 '학교 = 공부' '집 = 휴식'이라는 경험을 반복했고, 덕분에 나는 교실에 들어서는 순간 공부에 최적화된 상태가 되어 무섭게 집중할 수 있었지. 한편 집에 들어가는 순간부터는 바로 휴식 모드로 전환되어 편안하게 잠들 수 있었어.

2. 공부에 방해되는 것을 '박스아웃'하자

『슬램덩크』를 보면 주인공이 리바운드를 배우는 장면이 나오는

저절로 공부가 되는 환경 만들기

데, '박스아웃'이라는 기술이 등장해. 상대 선수를 제치고 공을 잡아야 한다고 치자. 이때 멀쩡히 서 있는 상대편을 손으로 밀어 넘어뜨리면 당연히 반칙이겠지? 공을 잡기 위해 내 등으로 상대 선수를 밀어내는 '몸싸움'을 해야 하는데, 이게 바로 박스아웃이야. 리바운드를 잘하는 두 번째 원칙이기도 하지.

공부할 때 내 적은 누굴까? 성적이 비슷한 학교 친구가 아니야. 알림 메시지가 끊이지 않는 스마트폰, 켜져 있는 컴퓨터, 책꽂이에서 튀어나온 만화책, 책상 위에 놓여 있는 음식, 방 한쪽에 지저분하게 쌓여 있는 잡동사니, 거실에서 들려오는 TV 소리, 이런 것들이 모두 나와 경쟁하는 상대편 선수들이자 공부의 적이지.

공부하기로 마음먹었다면, 먼저 집중에 방해되는 것들은 깨끗하게 치우고 시작하는 게 좋아. 정리된 환경에서야말로 최고의 집중력을 발휘할 수 있는 법이거든.

나는 어떤 학생의 집에 가보면 그 학생의 성적이 오를지 안 오를지를 금방 알 수 있어. 어떻게 아냐고? 그 학생이 공부하는 장소를 보면 되거든. 만약 책꽂이에 책이 종류별로 가지런하게 꽂혀 있고, 책상 위가 항상 깨끗하게 정리되어 있다면? 이 학생은 박스아웃에 능숙한 선수야. 다시 말해, 공부의 기본자세가 갖춰진 셈이지. 이런 학생들은 성적이 오르지 않을 이유가 없어.

그렇다고 정리 정돈으로 공부 시간을 다 소비하라는 뜻은 아니야. 간혹 이런 조언을 듣고 공부를 할 때마다 정리 정돈에 많은 시간을 낭비하는 경우가 있어. 솔직히 말하면 그건 공부를 미루는 핑계를 대며 자신의 행동을 합리화하는 것에 불과해.

공부방을 정돈하는 건 주말이나 휴일에 잠깐 시간을 내는 정도면 충분해. 진짜 중요한 것은 바로 그다음이야. 굳이 시간을 따로 들이지 않고도 늘 깔끔하고 정돈된 공부 환경을 유지하는 '이 습관'을 기르면 돼. 우리가 이미 알고 있는, 유치원 때 배웠던 방법!

바로 '쓰고 난 것은 반드시 원래 있던 자리에 두기'야. 썼던 물건을 그때그때 제자리에 두는 습관을 들이면, 여간해서는 공부하는 장소가 잘 어질러지지 않아. 우리가 어릴 때 배운 이 기본적인 습관이 사실 공부에도 정말 중요한 원칙이었던 셈이지.

3. 버티는 자가 살아남는다

다시 농구 이야기로 돌아가서, 나와 상대 선수가 서로 박스아웃하려는 상황을 떠올려 보자. 이때 힘의 대결에서 밀리면 끝장이야. 한번 밀리는 순간, 떨어지는 공은 상대 선수의 차지가 될 테니. 다시 말해서 상대방을 밀어냈다고 끝난 것이 아니라, 밀리지 않도록 계속 '버텨 내야' 하는 거지.

자투리 시간을 이용해서 공부하려는데, 친구들이 여기저기서 시끄럽게 떠드는 바람에 난감했던 적 있지? 그렇다고 쉬는 시간에 노는 친구들에게 "나 공부하잖아! 좀 조용히 해!"라고 핀잔을 줄 수도 없고 말이야. 이럴 땐 그저 버티는 수밖에 없어. 이 시끄러운 상황을 상대 선수라고 여기고, 절대 힘에서 밀리지 않아야 해.

집중을 못 하겠다면 집중하는 척이라도 해봐. 모든 조건이 다 들어맞는 완벽한 상황은 어디에도 없어. 강한 상대와 자꾸 겨루다 보면 내 능력이 강해지는 것처럼 어떤 어려움 속에서도 집중하는 훈련을 하면, 나중에는 언제 어디서나 무섭도록 집중하는 자신을 발견하게 될 거야.

내가 고3 때 학교에서는 점심시간마다 방송으로 영어 듣기 평가 문제를 들려주었어. 그런데 문제는 너무 시끄러워서 방송이 잘 들리지 않았던 거야. 교실 여기저기서 웃음소리, 고함 소리가 들려오고 욕설도 난무했지. 가끔은 유리창이 깨지는 소리도 들릴 정도로 아수라장이 따로 없었어.

나는 그 상황에 지지 않으려고 최대한 노력했어. 그러자 신기하게도 어느 순간부터는 주위의 소음이 들리지 않았고 내가 이기는 횟수가 점점 늘어나더라.

시간이 흘러 드디어 실전 수능 날 영어 듣기 평가 시간이었어. 교실에 있는 수험생 모두가 숨죽인 채 한 단어 한 단어 집중해서 듣고 있었지. 그런데 난데없이 어디선가 개 짖는 소리가 들리는 거야! 교실 여기저기서 한숨이 터져 나왔고 다들 당황해하는 분위기였어. 딱 한 사람, 나만 빼고 말이야. 나는 '아니, 뭐가 시끄럽다고 다들 저러는 거지?' 하며 침착하게 문제를 풀어 나갔어.

개가 짖는다고 불평을 늘어놓던 학생들이 영어 시험을 잘 쳤는지는 나도 잘 몰라. 다만 확실한 건, 내 점수는 변함없이 높았다는 거야. 평소 점심시간에 애들이 떠들던 소리에 비하면, 그깟 개 한 마리 짖는 소리는 내겐 아무것도 아니었거든.

저절로 공부가 되는 환경 만들기

공부에
집중하기가 어려워요

내 비밀을 하나 말해 줄까? 사실 나는 집중력이 심각하게 떨어지는 아이였어. 초등학교 시절 내내 가정통신문과 학교생활기록부에는 '산만하고 집중력이 부족함'이란 담임선생님의 코멘트가 빠지지 않았지. 고등학교에 진학해서도 마찬가지였어. 1학년 내내 수업에 집중하지 못했고, 늘 연습장에 낙서하거나 만화만 그리면서 시간을 보냈어.

내가 중학교 3학년 때의 일이야. 혹시 '깜지'라고 들어 본 적 있어? 지역에 따라서는 '빽빽이'라고도 부르는 것 같아. 깨끗한 빈 종이에 수학 문제 풀이나 영어 단어 따위를 빼곡히 적어 내는 것을 깜지라고 해.

당시 과학을 담당하셨던 담임선생님은 깜지 숙제를 자주 내셨어. 그 선생님은 숙제를 안 하면 호되게 혼내기로 유명한 분이어서 아무리 공부하기가 싫어도 깜지 숙제는 꼭 해야 했지.

어느 자습 시간, 그날도 나는 한 손에 볼펜 3개를 쥐고 깜지를 쓰고 있었어. (이렇게 하면 글씨가 한 번에 세 개씩 써지거든.) 그런데 그때, 문득 기발한 아이디어가 떠오르는 거야. '그래, 과학 공식을 써서 이걸 언제 다 채워? 차라리 교과서에 있는 그림을 크게 그리자. 그러면 종이를 쉽게 채울 수 있을 거야. 우와! 나 좀 천잰데?'

다음 날 어떻게 됐을까? 선생님은 깜지에 그림을 그려서 낸 학생은 개교 이래 나뿐이었다며 황당해하셨어. 그리고 깜지를 아예 안 한 친구들보다 나를 더 많이 혼냈지. 공부가 장난이냐며…….

숙제마저도 이렇게 했던 판이니 내가 공부에 집중했을 리 없겠지? 공부를 시작하면 채 10분도 되지 않아 자꾸 딴생각이 나니까 나도 정말 답답하더라. 더 이상 이렇게 살면 안 된다는 생각이 들어서 여러 방법을 시도했지만 마음처럼 잘 안됐어.

그러던 어느 무더운 여름날, 체육 시간이 끝난 직후 쉬는 시간이었어. 교실로 들어오자마자 친구들은 너도나도 체육복을 벗어 던지며 덥다고 난리를 쳤지. 나 역시 더운 날씨에 축구를 하느라

저절로 공부가 되는 환경 만들기

지칠 대로 지쳐 있었어. 자리에 앉았지만 너무 덥고 숨이 차서 가슴은 터질 듯 쿵쾅거렸고 얼굴에서는 땀이 비 오듯이 흘렀지.

그런데 갑자기 장난기가 발동했어. '잠깐, 이런 극한 상황에서도 공부하는 척하면 친구들이 뭐라고 할까? 지독한 놈이라며 경악하겠지? 재밌겠다. 크크크.'

나는 친구들의 반응을 보기 위해 책을 펼쳤어. 당연히 공부 따윈 되지 않았지. 그래도 친구들이 공부하는 내 모습을 알아차릴 때까지 문제집을 뚫어져라 내려다보았어. 잠시 후, 한 친구가 나를 향해 외쳤어.

"우와, 너 이 자식. 이런 상황에서도 공부가 되냐?"

'훗, 역시 예상대로군!' 나는 친구들의 반응에 신이 났지만 겉으로는 태연하게 공부에 더욱 집중하는 척했어. 연습장에 알 수 없는 기호들을 마구 휘갈기면서 말이야. 그러자 친구들이 신기하다는 듯 하나둘씩 내 주변으로 몰려들기 시작했지. 장난은 대성공이었어.

그런데 1분쯤 지나서 나는 충격을 받았어. 왜냐고? 내가 진짜로 문제를 풀고 있는 거야! 처음에는 친구들을 놀릴 생각으로 공부하는 '척'만 했던 것인데, 놀랍게도 몇 분 뒤에는 나도 모르게 문제를 풀고 있었던 거지. '집중하는 척'만 하려다 정말로 집중해 버린 거야! 그때 내가 깨달은 인생의 진리가 뭔지 알아?

공부는 집중이 될 때까지 기다렸다가 하는 게 아니야. 그냥 하는 거지. 공부하다가 집중이 잘되면 좋은 거고, 집중이 안돼도 일단 그냥 공부하는 거야. 그러다 보면 또 집중이 되기도 하고.

사실 우리에게는 아무리 열악한 환경에서도 집중할 수 있는 놀라운 힘이 있어. 단지 그 힘의 존재를 의식하거나 발휘하지 못할 뿐이지. PC방을 한번 떠올려 봐. 시끄럽다고 게임에 집중하지 못하는 사람은 없잖아?

집중이 잘될 때까지 기다렸다가 공부를 하면 평생 공부를 시작하지 못할 거야. 그러니 되든 안 되든 일단 시작해 봐. 집중이 안되면 집중하는 척이라도 해 보라고. 중요한 건 멈추지 말고 계속해나가는 거야. 하다 보면 자신도 모르게 집중하게 되니까.

참고로 눈앞에 펼쳐진 책에 적힌 지식 이외의 생각은 모두 잡생각이라고 여겨야 해. 심지어 그게 공부와 관련된 생각이라도 말이야. 예를 들어 '왠지 여긴 공부하기엔 너무 더운데? 시원한 곳에 가면 집중이 더 잘될 것 같아'라든가 '아오! 시끄러워. 쟤네들이 조용히 하면 집중할 수 있을 텐데'라고 생각한 적이 있지?

이런 생각도 어젯밤 TV에서 본 장면을 생각하는 것과 다를 바없어. 눈앞에 있는 공부와 관련된 게 아니라는 점에서 똑같이 '잡생각'이야. 머릿속에서 지워야 할 생각이지. 집중을 방해하는 범인

저절로 공부가 되는 환경 만들기

은 더운 공간, 시끄러운 소리가 아니야. 그것들이 범인이라고 생각하는 내 생각 자체가 진짜 범인인 셈이지.

자신 있게 말하건대, 집중력은 연습으로 기를 수 있는 능력이야. 집중이 안되도 집중하려고 노력하다 보면, 집중하는 능력 자체가 길러져서 나중에는 극악의 상황에서도 집중할 수 있게 돼.

그러니 이제부터 창밖에서 들려오는 자동차 경적, 주위 친구들의 시끄러운 대화, 심지어 배가 고파서 나는 꼬르륵 소리 같은 것들을 공부의 방해꾼이라고 여기며 스트레스받기보단 '집중력을 키우는 훈련'이라고 생각해 보면 어떨까.

또 자기 자신과도 약속해 보는 거야. 앞으로 공부를 할 때는 심지어 복도 유리창이 깨지더라도 절대 그쪽으로 고개조차 돌리지 않겠다고, 오로지 책만 바라보며 '집중하는 척'이라도 하겠다고 말이야. 그러면 어느덧 학교에서 집중력이 가장 뛰어난 학생이 되어 있을 거야.

쉬는 시간에 공부하기가 눈치 보여요

내가 쓴 다른 공부법 책에서 '수업 사이의 쉬는 시간은 예습·복습하는 시간으로 활용하는 게 좋다'라고 조언을 했더니, 그 책을 본 학생들이 똑같은 어려움을 토로했어.

맞아. 쉬는 시간에 공부를 한다는 건 용기가 필요한 일이야. 마치 친구들이 나를 '쟤 뭐야? 쉬는 시간에도 공부하네? 공부하는 것만 보면 아주 전교권이야!'라는 시선으로 보는 것 같고, '나는 이렇게 열심히 공부하지만 성적은 공부하는 만큼 안 나오는 사람입니다!'라고 광고하는 것 같기도 하지.

그룹을 지어 어울리는 여학생들이라면 더욱 신경이 쓰일 수 있어. 다른 친구들은 쉬는 시간마다 삼삼오오 모여 얘기하는데 나만 혼자서 공부만 한다면? '나 이러다가 왕따 되는 거 아냐?'라는 불안이 생길 거야. 그래서 공부를 하고 싶어도 주저하게 될 수도 있지.

결론을 말하자면, 나는 그렇게 걱정하지 않아도 된다고 생각해. 물론 이기적이라서 자기 자신밖에 모른다거나 눈치 없는 행동으로 친구들의 미움을 사는 경우는 있겠지. 예를 들어 선생님이 "오늘 수업은 여기까지 하고, 남은 시간은 자습하자"라고 했는데, "선생님! 저 그 부분 잘 모르는데, 그냥 수업 계속해 주시면 안 되나요?"라고 한다면 어떨까. 공부에 열의가 있는 건 좋지만 이 경우는 주변을 전혀 배려하지 않는 행동이 될 거야.

이런 경우가 아니라면 보통의 학생들이 쉬는 시간에 공부 좀 한다고 해서 왕따가 되는 것은 아니라는 게 내 생각이야. 즉, 따돌림은 공부를 열심히 하는 것과는 크게 관련이 없다는 거지.

물론 친구들과의 우정이 걱정되기는 할 거야. 왕따가 되는 일은 없더라도 '지금까지 친하게 지내던 친구들과 쉬는 시간에 이야기하지 않고 공부만 하면 아무래도 관계가 소원해지진 않을까?' 하는 걱정이 들 수도 있겠지. 하지만 이 역시 괜찮다고 말하고 싶어.

내 이야기를 해 볼까? 초등학교 시절부터 고등학교 1학년 때까지 내 곁에는 늘 친구들이 많았어. 공부는 뒷전이었고 언제나 친구가 먼저였으니까. 학교가 끝나면 친구들과 농구를 하거나 하루는 PC방에, 다음 날은 노래방에 가기 일쑤였어. 부모님께는 말하지 못할 고민도 친구에게는 모두 털어놓을 수 있었고, 혹시라도 친구에게 무슨 일이 있으면 공부고 뭐고 다 팽개치고 달려갔지.

그러던 내가 고2가 되면서 정신을 차리고 공부에 몰두했어. 쉬는 시간은 물론이고 잠자는 시간을 빼고는 하루 종일 공부에 매달렸지. 덕분에 공부는 계획대로 진도가 쭉쭉 나갔지만 친구 관계는 그러질 못했어.

당연하지. 불과 며칠 전까지만 해도 쉬는 시간마다 친구들과 복도에서 소화기를 들고 장난치거나 농구공을 던지며 낄낄거렸는데 그런 내가 입을 꾹 다물고 수학 문제를 풀고 있으니 친구들이 의아하게 여긴 거야. 처음에는 "야, 너만 공부하니 좋냐?"라며 장난치듯 다가오던 친구들도 내가 별다른 반응 없이 공부에만 집중하자, 나중에는 아예 내 근처에도 오질 않더라.

나는 방해받지 않고 공부할 수 있어 다행이라고 생각하면서도 한편으로는 친구들에게 소외감을 느꼈지. 그렇다고 별다른 행동을 취하진 않았어. 당시 나에게 가장 중요한 건 오직 공부였으니까. 물론 친구들도 소중했지만 성적이 최하위권으로 떨어진 마당에 내가 1순위로 해야 할 일은 공부였어. 난 공부를 선택했고 이것저것 다 누리면서 원하는 것을 얻기는 불가능했기에 친구들과 멀

저절로 공부가 되는 환경 만들기

어지더라도 어쩔 수 없다고 생각했지.

여러 가지 생각과 감정이 들기는 했어. 특히 친했던 친구들이 날 어떻게 생각할까 궁금했지. '저렇게 공부하는 것만 보면 꼭 전교 1등 같은데 사실 저 녀석, 지난 시험에서 꼴찌였던 애야.' 하고 자기들끼리 수군거리며 비웃을까? 아니면 '그동안의 친구 관계도 끊어 버리고 독하게 공부만 하는 이기적인 녀석이야!' 하고 비난할까? 그런 생각에 사로잡혀 공부가 되지 않을 때가 많았어. 하지만 내가 할 수 있는 일은 그냥 꾹 참고 꾸준히 자리를 지키는 것뿐이었어.

그러던 어느 날, 한 친구가 갑자기 반 아이들에게 무기명 투표를 해 보자고 제안했어. 아이들은 신이 나서 '우리 반에서 제일 재수 없는 놈은?' '우리 반의 왕따는?' 등 여러 가지 질문을 칠판에 적었어. 그리고 다들 연습장에 각 질문마다 자신이 생각하는 친구의 이름을 적어서 반장에게 주었지. 나는 큰일 났다고 생각했어.

'아, 당연히 나겠지? 망했구나.'

함께 놀던 친구들을 외면하고 공부만 했던 내가 공개적인 왕따로 낙인찍히기 일보 직전이었지. 나는 완전히 체념하고 있었는데, 잠시 후 의외의 결과가 나왔어. '제일 재수 없는 놈'을 뽑는 투표에서 영예의 1위를 차지한 건 내가 아니었던 거야. 1위로 꼽힌 녀석은, 쉬는 시간에 엎드려 자느라 자기가 주번인 날에도 언제나 칠판을 제대로 닦지 않던 아이였어. 그 아이가 주번을 맡은 날이면 수업에 들어오는 선생님들은 칠판이 지워져 있지 않다며 크게 화를 내셨고, 그날의 수업 분위기는 무척이나 살벌했지.

"그럼 이번 질문에는……. 1위 박철범!"

나는 깜짝 놀랐어. 교탁에 서 있던 반장에게 아이들이 "무슨 질문의 1위냐?"라고 묻자 반장이 이렇게 대답했어.

"우리 반에서 가장 좋아하는 사람!"

친구들은 "오오?" 하면서 부럽다는 듯이 나를 쳐다보았지. 솔직히 그때 친구들이 왜 내 이름을 적어 냈는지 아직도 잘 이해가 되진 않아. 내가 친구들에게 딱히 잘해준 것도 없었거든.

다만 게을렀던 그 주번을 대신해서 내가 칠판을 지웠던 적이 몇 번 있는데, 아마도 그 일 때문이었던 것 같아. 하지만 그건 내가 착해서도 아니었고, 반 아이들을 위해서 한 행동도 아니었어. 다른 녀석이 대충 지우면 그 분필 가루를 제일 앞에 앉아 있던 내가 다 마셔야 했기 때문에 그게 싫어서 내가 직접 했던 것뿐이지.

내가 공부를 열심히 한 뒤로 같이 놀자고 하는 친구들은 확실히 줄어들었어. 그럼 친구가 하나도 없었냐고? 몇몇 친구와 멀어진 건 사실이지만 전부 그런 건 아니야. 오히려 몇몇 친구들은 아무에게도 말 못 할 자기 집안 이야기나 미래의 꿈 이야기 등을 털어놓기 시작했지. 마냥 놀기만 했을 땐 진지한 고민을 이야기하는 친구가 없었는데, 내가 공부에만 전념하자 그제야 친구들이 나에게 속마음을 꺼내더라.

그때마다 나는 그 친구들에게 성심성의껏 조언해 주었어. 누구에게도 말하기 힘든 고민을 내게 털어놓다니, 꼭 나를 믿어 주는 것 같아 고마웠거든. 게다가 하루 종일 입을 꾹 다물고 공부만 하다가 잠깐이나마 친구들과 이야기하면 입 주위의 얼굴 근육을 풀어 줄 수 있어서 좋기도 했고 말이야.

쉬는 시간에도 공부하고 싶은데 친구들과 소원해질까 봐 걱정된다고? 내 생각은 그래. 공부를 열심히 한다고 해서 친구들이 싫어하지는 않아. 오히려 언제나 성실하게 공부하는 모습을 지켜보며 '믿을 만한 친구' 혹은 '본받고 싶은 친구'라고 생각할 수도 있을걸? 왜냐면 실은 자기도 그렇게 하고 싶은데, 자기가 못 하는 걸 네가 해내고 있으니까. 그것을 때로는 농담 섞인 야유로 표현하겠지만, 그 친구의 말 이면에 부러운 마음, 존경의 마음이 섞여 있다는 걸 알아야 해.

열심히 공부만 하는 어떤 친구가 다른 친구들에게 미움을 산 것처럼 보이니? 내 생각에 그건 그 아이가 쉬는 시간에 혼자 공부를 해서가 아닐 거야. 아마도 그 친구가 다른 사람들을 대하는 태도,

특히 '너 따위는 필요 없어. 내 인생에는 공부만이 중요해!' 같은 태도 때문이 아닐까? 마음이란 건 품고 있으면 말을 안 해도 반드시 상대에게 전해지기 마련이거든.

그리고 반대의 경우도 사람들이 알게 마련이야. '나도 너와 친해지고 싶고, 같이 놀고 싶어. 하지만 지금은 공부할 게 너무 많아서 그럴 수가 없네. 내 맘 알지?'라는 생각으로 친구들을 대하면, 그 마음도 반드시 상대에게 전해질 거야. 그러면 오히려 친구와 사이가 더욱 단단해질 수 있지. 비록 쉬는 시간에는 서로 자기 공부에만 충실해도 말이야.

학생 시절 내가 '공부에 전념하자'라고 결심했을 때도, 겉으로만 보면 나는 분명 친구가 아닌 공부를 택했던 셈이야. 하지만 마음으로는 전혀 그렇지 않았어. 다행히 내 친구들은 그런 내 마음을 알아줄 만큼 착했어. 그리고 세월이 지난 지금, 그때의 친구들이 여전히 내 곁에 있지. 그런데 노래방과 PC방만 열심히 함께 다녔던 친구들과는 지금 아무런 연락도 닿지 않아.

저절로 공부가 되는 환경 만들기

스마트폰이나 컴퓨터를 끊기가 힘들어요

"철범아, 약속한 2시간이 이미 지나지 않았니?"

한창 컴퓨터 게임에 열중하고 있던 내게 어머니가 말씀하셨어. 평소처럼 차분한 말투였지만 그 말에 왠지 모르게 짜증이 솟구치더라. 어머니의 말이 잔소리로 들려서 그런 건지, 아니면 뭔가에 열중하고 있는데 옆에서 자꾸 말을 시켜서 그런 건지는 모르겠지만. 어쨌든 기분이 상한 나는 신경질적인 말투로 한 판만 더 하고 끄겠다고 대꾸했어. 그러고는 반발심과 오기가 생겨 스피커 볼륨을 일부러 크게 높였지.

어머니는 한숨을 쉬고 아무 말 없이 방을 나갔다가 들어오시더니 내 앞에 두 가지 물건을 내려놓았어. 하나는 내 도장이었고, 다른 하나는…… 바로 망치였어! 어머니가 단호하게 말씀하셨지.

"철범아, 네가 선택할 수 있는 것은 두 가지다. 첫 번째는 이 망치로 그 컴퓨터를 부수는 거고, 두 번째는 이 도장으로 네 호적을 우리 가족에서 파내는 것. 나는 게임중독자 아들은 필요 없거든."

나는 어머니가 허풍을 떨거나 농담하는 분이 절대 아니라는 걸 알고 있었어. 만약 내가 도장을 선택한다면 정말로 호적까진 파지 않더라도 그에 못지않은 조치를 취하실 게 분명했어. 게다가 내가 아는 우리 어머니는, 상황이 이 정도까지 왔으면 죄송하다고 말해도 호락호락 넘어가실 분도 아니었지. 어머니와 나는 한동안 아무 말이 없었어. 스피커에서는 여전히 시끄러운 게임 소리가 흘러나오고 1초가 꼭 10년같이 느껴졌지.

"이걸로 할게요."

결국 나는 망치를 들었어. 어머니가 컴퓨터 전원을 끄고 코드를 뽑자 나는 숨을 크게 들이마신 후 곧바로 망치를 세게 내리쳤어. 그때 내 기분은 마치 가장 친한 친구를 주먹으로 때리는 기분이었어. 눈에서는 눈물이 흘렀지. 하지만 지금 와서 그 기억을 떠올려 보면, 그때 망치를 집어 든 건 내 인생에서 정말 잘한 선택 중 하나였던 것 같아.

저절로 공부가 되는 환경 만들기

1. 공부를 방해하면 모두 '잡기'

잡기(雜技)란 '잡스러운 놀이'라는 뜻이야. 겉보기엔 잡기처럼 보이지 않더라도 네 인생에서 중요한 일을 방해하는 것이 있다면 그게 바로 잡기야. 예를 들어 인터넷 관련 자격증을 준비하는 사람에게는 인터넷이 '공부'겠지만 내일 수학 시험을 보는 학생에게 인터넷은 '잡기'인 셈이지.

흔히 오해하는 게 있어. 의지가 약한 사람만 잡기에 빠진다고 생각하는 거야. 하지만 절대 그렇지 않아. 아무리 몸이 건강해도 한겨울에 창문을 열어 놓고 자면 감기에 걸리듯이, 누구라도 조금만 방심하면 잡기에 빠지는 거야.

내가 고등학생이었을 때야. 당시 우리 학교에는 자기관리가 철저하기로 소문났던 우등생 A가 있었어. A는 전국 수학경시대회에서 여러 번 화려한 성적을 거두기도 했지. 결국 서울대학교에 합격했고, 다들 A는 나중에 교수가 되거나 NASA(미 항공우주국) 같은 곳에서 일하게 될 거라고 믿어 의심치 않았어.

하지만 몇 년 뒤, 친구들로부터 A의 소식을 들은 나는 깜짝 놀랐어. 고등학교 내내 우등생이었던 A가 서울대학교에 들어가자마자 그만 잡기에 빠져 버린 거야. A는 컴퓨터 게임을 하느라 학교 수업도 빼먹고 PC방에서 거의 살다시피 했지. 결국 수업을 따라가지 못했고 학점은 최하위권 수준이라 여름방학이 되어서도 학교에서 보충 수업을 듣는 신세가 됐대.

그 후로도 게임에 완전히 빠져 버린 A는 결국 졸업도 제대로 하지 못했다고 해. A와 함께 입학했던 친구들은 졸업 후 인공위성을 연구하고 있는데 말이야.

공부를 하다 보면 지치게 마련이고, 답답한 현실이 힘들고 버겁게도 느껴질 거야. 하지만 온라인 속 세상은 다르지. 손가락만 까딱하면 언제든지 또래 친구들과 대화를 나눌 수 있고, 게임도 할 수 있고, 웹툰도 볼 수 있어. 현실에서는 공부하려면 한자리에 눌러앉아 지겨운 시간을 보내야 하지만, 온라인에서는 시간이 늘 즐겁고 빠르게 흘러가지. 마치 피터팬 이야기에 나오는 '네버랜드'처럼 말이야.

하지만 너에게 꼭 해주고 싶은 말이 있어. 그곳은 진짜가 아니야. 즐겁긴 해도 거긴 가짜 세상이야. 너의 인생을 지켜 주는 건 현실 속에 있어. 가짜 세상에 존재하는 예쁜 캐릭터와 자극적이고 재밌는 게임, 눈길을 끄는 영상이 아니라 네가 현실에서 열심히 성취해 낸 것들이 너를 지켜 주는 거야.

그러니 빨리 현실로 돌아오지 않으면 시간이 지날수록 일상을 회복하기 힘든 지경에 이를 수도 있어. 잡기가 그래서 무섭다는 것이니 늘 경계해야 돼. 그렇다면 우리는 어떻게 잡기를 통제하고

저절로 공부가 되는 환경 만들기

'현실에서' 소중한 꿈을 이룰 수 있을까?

2. 잡기 통제법 1 : 아침에만 쓰기

스마트폰이나 컴퓨터를 실컷 쓰면서도 실제로는 거의 쓰지 않게 되는 놀라운 방법이 있어. 그게 뭐냐고? 바로 아침에만 쓰는 거야.

과거의 자신을 떠올려 보자. 스마트폰이나 컴퓨터를 시작하기는 쉬워도 끝내기는 정말 어렵지? 저녁이나 밤에 켜면 시간 가는 줄 모르고 밤새도록 하게 돼. 그러다 결국 새벽에 잠들고 다음 날 늦게 일어나는 악순환이 반복되지.

하지만 아침에 한다면 어떨까? 아침에는 누구라도 일어나기가 힘들어. 힘들게 일어나서 게임을 시작했다 하더라도 정해진 시간에는 학교에 가야 하니까 어쩔 수 없이 그만두어야 하지. 다시 말해 시작하기는 어렵고 끝내기는 쉬워지는 거야.

너도 한번 해 봐. 일단 집으로 돌아오면 자기 전까지 절대 컴퓨터를 켜지 않는 거야. 스마트폰도 저녁 10시 이후에는 아예 전원을 꺼 버리자. 내가 원래 그렇게 한다는 것을 친구들도 안다면 서운해하지 않을 거야. 인터넷에서 꼭 찾아야 할 자료가 있다거나 프린트를 뽑아야 한다면 그것도 아침에 하자. 심지어 인터넷 강의도 밤에는 듣지 않는 게 좋아. 왜냐면 강의를 듣겠다며 컴퓨터를 켰다가 결국 인터넷에 많은 시간을 보낸다는 걸 너도 알잖아? 실제로 나는 이 방법을 어떤 학생에게 권한 적이 있어.

"게임하고 싶으면 실컷 해. 근데 아침에만 해. 많이 하고 싶어? 그럼 일찍 일어나면 돼."

그러자 그 학생은 저녁 9시에 자더라. 새벽 3시에 일어나서 게임을 실컷 하겠다는 심산이었지. 실제로 처음 며칠은 일찍 일어나서 게임을 실컷 하더라고. 그러나 점점 일어나는 시간이 늦어졌고, 나중에는 안 그래도 아침에 일어나기 힘든데 '그따위 게임'이나 하려고 일찍 일어나는 게 싫어졌대. 무엇보다 모두가 잠든 새벽 4~5시에 일어나서 고작 컴퓨터와 스마트폰이나 만지작거리고 있는 자기 자신이 한심하게 느껴지더라는 거야.

언제부턴가 그 학생은 일찍 일어나더라도 컴퓨터를 켜지 않았어. 대신 책을 펼쳤지. 새벽에 하는 공부가 의외로 자기에게 잘 맞는다는 사실도 깨닫게 됐어. 경쟁자들이 자는 시간에 이렇게 공부하는 자신의 모습에 자신감이 차올랐고, 공부에도 슬슬 가속도가 붙기 시작했어.

원래 이 학생은 수능 모의고사에서 5등급을 받았어. 하지만 불과 2개월 뒤 몇 등급을 받았는지 알아? 무려 2등급까지 올랐어. 비결은 딴 게 아니었어. 단지 '공부에 방해되는 것, 그러나 끊기가 힘든 것은 모두 아침으로 옮겨라'라는 내 조언을 실천했을 뿐이야.

저절로 공부가 되는 환경 만들기

3. 잡기 통제법 2 : 말 목치기 전략

아침에 잡기를 누리는 것은 꽤 좋은 방법이지만 이것도 어디까지나 응급 처방일 뿐이야. 잡기를 물리치는 가장 확실한 방법은 결국 '끊어내는 것'이지. 부모님이나 선생님이 잠시 도와줄 순 있겠지만, 완벽히 막아 줄 수는 없어. 결국은 스스로 결단해야 해.

삼국을 통일한 김유신 알지? 그에 관한 재밌는 일화를 들려줄게. 김유신이 젊었을 때 한 기생에게 흠뻑 빠져서 문무를 게을리한 적이 있어. 이를 뉘우치고 기생집에 발길을 끊겠노라 맹세했던 어느 날, 연회 자리를 마친 김유신이 조는 틈에 그를 태운 말이 기생집으로 간 거야. 매일같이 찾아갔던 곳이라 말 입장에서는 습관이 돼 버린 거지. 정신 차린 김유신이 어떻게 했는지 아니? 사랑하는 명마의 목을 칼로 단번에 내리치고는 뒤도 돌아보지 않고 집으로 돌아갔어.

만일 김유신이 "이런, 내가 잠든 사이에 나를 기생집으로 데리고 왔구나! 할 수 없지. 일단 왔으니 오늘은 실컷 놀자. 내일부터 안 오면 되지 뭐." 하며 말의 목을 쓰다듬는 사람이었다면 그는 삼국통일은커녕 자기 동네 통일도 못 했을 거야.

자신의 결심 앞에 부끄러움이 없기 위해 비록 아끼는 명마였어도 과감히 목을 친 것처럼, 우리도 잡기 앞에서는 항상 이런 자세를 갖는 것이 좋아. '이왕 이렇게 된 거 하루에 딱 1시간만!' 하는 안일한 마음은 시간이 지나면 십중팔구 흐지부지되어 버려. 이럴 때 다시는 돌아갈 수 없도록, 가슴 아프고 아깝더라도 과감하게 명마를 죽여야 하지.

내가 예전에 가르쳤던 학생 중에 〈메이플스토리〉라는 게임에 중독된 아이가 있었어. 그 아이는 게임을 끊겠다고 마음먹은 후 자신이 애지중지 키워 온 캐릭터의 스킬포인트(능력치)를 일부러 엉망으로 만들었지. 주위 사람들에게는 캐릭터의 인기도를 내려 달라고 부탁하고, 고생해서 얻은 아이템을 사람들에게 뿌렸어.

그러고도 성에 안 찼나 봐. 덜컥 캐릭터를 삭제하고 회원 탈퇴까지 해 버린 거야. 그 아이가 그동안 모은 아이템과 캐릭터의 가치는 현금으로 수십만 원이 넘었어. 주위 사람들은 "차라리 게임 캐릭터와 아이템을 경매 사이트에 현금으로 팔지!"라며 안타까워했대. 이 이야기를 들은 나는 그 아이에게 왜 그렇게까지 했냐고 물어봤어.

"큰 손해를 봤다든가, 완전히 망쳤다는 생각이 들지 않으면 결국 다시 손을 대게 되잖아요. 이렇게 해야 다시는 하고 싶지 않아질 것 같아서요."

와! 그 아이의 태연한 대답에 나는 정말 감탄했어. 이놈은 뭘 해도 반드시 성공할 녀석이라고 생각했지. 아니나 다를까, 중학교

저절로 공부가 되는 환경 만들기

때는 성적이 낮아서 특성화 고등학교 진학을 심각하게 고민했던 녀석이 고등학교 2학년 때는 전교 5등 안에 드는 우등생이 되더라고.

이 이야기들을 통해 내가 정말 하고 싶은 말이 있어. 그건 자신을 너무 믿지 말라는 거야. 인간의 의지는 그리 강하지 않아. 무려 삼국을 통일한 김유신조차도 자신의 의지를 믿지 않았어.

물론 나에게는 얼마든지 공부할 수 있는 능력이 있고, 열심히 한다면 성적은 오를 수 있으며, 내가 원하는 꿈과 미래를 이룰 것이라는 자기 확신과 믿음은 가져야 해. 하지만 '의지'에 관해서는 자기 자신에게 단호해지는 것도 필요해. 그러니 내가 돌아갈 수 있는 곳을 만들어 놓지 말자.

스마트폰을 너무 자주 들여다본다면 피처폰으로 바꾼다거나 공부할 때 아예 전원을 꺼 버리는 방법도 있어. 컴퓨터 게임을 하느라 공부 시간이 없다면? 과감히 게임을 지우고 정성껏 키워 온 캐릭터를 삭제해 보는 거야. 물론 이건 정말 용기가 필요한 일이지. 하지만 내가 장담하건대 일단 한번 용기를 내면, 그 용기가 반드시 네 꿈을 현실로 바꾸어 줄 거야.

공부는 집중이 될 때까지 기다렸다가 하는 게 아니야.

그냥 하는 거지.

공부하다가 집중이 잘되면 좋은 거고,

집중이 안돼도 일단 그냥 공부하는 거야.

"환경을 잘 정리했다면 다음 해야 할 일은 뭘까? 계획을 짜야겠지. 그런데 계획을 세우고 지키는 것만큼 어려운 게 없어. 사실 나도 휴지통에 버린 실패한 계획표가 한 트럭은 될 거야. 나중에야 좋은 계획표를 세울 수 있게 됐어. 지금부터 계획을 세우는 비결을 말해 줄게."

3장 계획 관리

설계도만 잘 짜도
90% 성공이다

목표는 어떻게
세워야 할까요?

공부해야겠다고 다짐한 순간에는 열정이 마구 생겨. 거창한 목표도 세우게 돼. 나도 마찬가지였어. '열심히 해서 다음 수학 시험에서는 80점 이상 받아 보자!' '반에서 수능 모의고사 10등 안에 들어 보자!' '열심히 공부해서 ○○대학교 ○○학과에 꼭 합격하자!'라는 마음을 품게 되지.

먼저 '꿈'과 '목표'를 구별해 보자. 사실 우리는 '목표를 세운다'라고 말하지, '꿈을 세운다'라고 말하지는 않잖아? 두 개는 엄연히 다른 말이야.

꿈이란 뭘까? 그건 최종 도착지야. 우리가 공부를 하는 최종 이

설계도만 잘 짜도 90% 성공이다

유고, 저 멀리 아득히 보이는 멋진 섬 같은 거지. 그게 뭔지는 사람마다 다를 거야. 누구에게는 명문대 합격이 꿈일 수 있고, 누구에게는 선망하는 직업이 꿈일 수도 있어. 좀 더 가까운 미래의 꿈이라면 예컨대 반에서 1등 하기라든가, 수학 과목 1등급 받기 같은 것도 꿈이라고 할 수 있을 거야.

그런데 이런 건 사실 '공부 목표'라고 할 수는 없어. 왜냐면 내가 통제할 수 있는 게 아니거든. 물론 이뤄지면 너무나 좋겠지만 이뤄질지 아닐지는 그때 가 봐야 아는 거야. 대학 합격? 등수? 등급? 시험 점수? 이런 것들은 목표가 아니라 단지 '결과'일 뿐이야.

이런 꿈들을 공부 목표로 삼으면 마음이 쉽게 지치게 돼. 왜냐면 먼 미래의 일이니까. 오늘 열심히 공부해도 내가 과연 얼마나 그 꿈에 가까워졌는지 실감이 잘 나지 않아. '과연 내가 잘하고 있는 걸까?'라는 의문만 계속 들게 되지. 결국 계획에서 중요한 것은 '꿈'이 아닌 '공부 목표'야.

공부 목표란 뭘까? 그건 노력만으로 100퍼센트 통제가 가능한 것들을 말하는 거야. 예컨대 '오늘 내로 수학 문제 10개 풀기' 이런 것들은 어떨까? 내 능력에 비해 지나치게 무리한 게 아니라면, 이건 노력만으로도 달성할 수 있겠지? 우리에게 필요한 것은 이런 구체적인 공부 목표야. 노력하면 오늘 당장 달성할 수 있는 것.

그런 눈앞의 골인 지점을 만들어야 해.

혹시 공부 잘하는 친구의 공부 계획표를 본 적이 있니? 나는 오랫동안 전국의 수많은 학생을 상담하면서, 각 학교에서 전교 1, 2등을 하는 학생들의 플래너를 볼 수 있었어. 그런데 그 아이들의 플래너 앞부분에는 '무슨 대학, 무슨 학과 합격!' 이런 것은 거의 적혀 있지 않아. 큼직하게 써 놓은 공부 목표들만 눈에 띄지. 예컨대 '이번 달 내로 ○○ 문제집 완료하기' '이번 주 토요일 3시까지 과외 숙제 해 놓기' 등 정말 구체적인 목표들이 적혀 있었어.

이건 나도 마찬가지였어. 나는 아침에 공부를 시작하면서 '오늘 끝내야 할 건 뭐지?'라는 생각만 했어. 그리고 그걸 적은 수첩을 책상에 올려 놓고 하루 종일 의식했지. 이런 공부 목표가 눈에 보이면 잡생각을 하다가도, 친구들과 웃고 떠들다가도, 금방 정신이 번쩍 들었어. '내가 뭐 하는 거지? 이래서는 저걸 오늘 못 끝낼 텐데! 어서 시작해야겠다!' 이런 식으로 다시금 공부로 돌아올 수 있었지. 이처럼 구체적인 공부 목표가 내 공부의 원동력이었어.

자, 여기서 질문! 도대체 얼마나 구체적이어야 좋은 공부 목표일까? 예를 들어 '오늘 자습 시간엔 개념원리 문제집을 풀자'라는 목표는 어떨까? 사실 이건 그리 좋은 공부 목표는 아니야. 이건 그냥 공부할 과목과 교재를 정했을 뿐이잖아? 이러면 1시간을 공부해도 2시간을 공부해도, 내가 이걸 달성했는지, 달성했다면 몇 퍼

설계도만 잘 짜도 90% 성공이다

센트나 달성한 것인지를 도통 알 수가 없어.

원칙은 이거야. 공부 목표를 설정할 때는 내가 '몇 퍼센트'나 달성했는지 측정할 수 있어야 해. 예컨대 '1시간 동안 개념원리 수학 문제집 20문제 풀기' 이런 식으로 공부 목표는 숫자로 구체적으로 만들어야 해. 만약 1시간이 지났는데 12문제만 풀었다면? '아하! 내 달성률은 60퍼센트구나!'라고 확 와닿게 되지.

이러면 반성도 구체적으로 할 수 있어. '쳇, 목표가 너무 높았나? 내일은 목표치를 15문제로 좀 줄여 볼까?' 또는 '아휴, 친구랑 웃고 떠드느라 8문제는 못 풀었네. 내일은 잡담하지 말고 열심히 해서 20문제 100퍼센트를 달성하자!' 이런 식으로 각오를 다질 수 있게 되는 거야.

이와 관련해서 내가 많이 받은 질문이 또 하나 있어. 그건 '계획을 세울 때는 시간을 정하는 게 좋아요? 아니면 공부 분량을 정하는 게 좋아요?'라는 거야. 예컨대 '수학 공부를 3시간 동안 하자'와 '수학 문제를 30개 풀자' 둘 중에 어떤 게 좋은 계획이냐는 거지.

정답을 말해줄까? 사실 이건 상황에 따라 달라져. 즉 시간을 정해야 하는 상황이 있는가 하면 공부 분량을 정해야 하는 상황도 있는 거지. 좀 더 쉽게 설명해 줄게.

우리는 아무래도 쉬운 과목, 좋아하는 과목, 잘하는 과목을 계속 공부하게 되지? 그런 과목들은 공부를 많이 하게 되고, 따라서 자연스레 시험 점수도 높아질 거야. 성적이 오르니 자신감과 재미가 붙어서 또 그 과목만 계속 공부하게 돼. 나중엔 어떻게 될까? 특정 과목의 점수가 잘 나오는 건 분명 좋은 일이지만 대신 다른 과목의 점수가 떨어지겠지?

따라서 쉽고 재미있는 과목은 분량을 정해서 공부하는 게 좋아. 예를 들어 국어를 좋아하는 학생이라면 '오늘은 한 단원만 공부하기'처럼 분량을 기준으로 공부 계획을 세우는 거야. 왜냐면 '한 단원'이라는 제한을 걸어 놓지 않으면, 그 학생은 (하기 싫은 수학 공부는 뒤로 미루고) 온종일 국어만 공부할 수도 있으니까.

그럼 '시간'을 정하는 게 좋은 경우는 어떤 상황일지 예측이 되지? 바로, 어렵거나 재미없는 과목을 공부할 때야. 만약 영어가 어렵다면 '오늘은 영어 공부에 두 시간은 꼭 투자하자'라고 계획하는 거야. 이렇게 시간을 정하지 않으면 어려운 과목은 아무래도 조금 공부하다 책을 덮기 쉬우니까.

오늘부터 한번 적용해 봐. '숫자로 표현할 수 있는 구체적인 공부 목표'가 과연 오늘 밤에 달성되었는지만 확인하면 돼. 그러다 보면 꿈은 나중에 저절로 이뤄질 테니까.

설계도만 잘 짜도 90% 성공이다

Q10

어떤 문제집이
좋나요?

문제집에 관한 질문은 내가 후배들에게 가장 많이 받은 질문 중 하나야. 그만큼 공부할 때 결정하기가 어려워서일 거야. 수많은 문제집 앞에서 망설이고 있는 너에게, 문제집을 선택하는 기준에 대해 말해 주고 싶어. 분명한 기준을 가지고 있다면 스스로 문제집을 선택할 수 있을 테니까. 딱 두 가지만 조언할게.

1. 문제집은 70~80퍼센트를 풀 수 있는 것으로 사자

사실 상위권의 학생들은 어떤 문제집을 선택하든 큰 상관이 없어. 왜냐면 그들은 어려운 교재를 풀면 실력이 늘 것이고, 쉬운 교재를 풀면 많은 문제를 풀면서 실수가 줄어들기 때문이야. 게다가 이런 학생들은 문제를 푸는 속도가 빠르기에 (그 문제집이 별로 좋지 않더라도) 자신에게 필요한 부분만 골라 후딱 풀어 버리고 다른 문제집으로 넘어갈 수 있지. 따라서 상위권 학생들은 설령 문제집 선택에 실패했더라도 그게 그 학생의 공부에 큰 영향을 주지는 않아.

그러나 중위권 또는 하위권 학생이라면? 이때는 문제집 선택이 정말 중요해. 특히 '지나치게 어려운 문제집'으로 공부하는 건 실패하는 지름길이야. 차라리 '지나치게 쉬운 문제집'으로 공부하는 게 더 나아. 왜냐면 쉬운 문제를 풀면 그래도 자신감과 흥미는 좀 생길 테니까.

혹시 문제집을 풀어 봤는데 10문제 중에서 6문제 이하로 맞힌다면 그 교재는 나에게 너무 어려운 거야. 설령 그게 아무리 유명한 문제집이라 하더라도 이런 교재로는 진도가 잘 나가지 않게 되고, 심지어 그 과목에 대한 흥미를 잃게 만들 수도 있어. 실제로 주위에서 공부에 흥미를 잃어버린 친구들을 보면 자기 실력보다 어려운 책으로 공부한 경우가 많더라고.

반대로 10문제 중에서 9~10문제를 맞힌다면 그 교재는 너무 쉬운 거겠지. 이런 문제집으로 공부하면 어떻게 될까? 문제집은

설계도만 잘 짜도 90% 성공이다

맞혀서 기분 좋아지려고 푸는 게 아니야. 내가 모르는 지식을 발견하기 위해 푸는 거지. 그런데 거의 대부분의 문제를 맞힌다면 그만큼 (아직 채워야 할 게 많은) 내 실력의 빈틈을 찾기가 어렵겠지? 따라서 가장 적당한 문제집은 70~80퍼센트의 문제가 풀리는 정도라고 생각해.

내가 가르친 학생 중에 B라는 아이가 있었어. 당시 B는 고등학교 1학년이 끝날 무렵이었는데, 수학 실력이 특히 낮았어. 단순한 인수분해 공식을 떠올리는 것도 어려워했지.

물어보니 예전에 B를 가르쳤던 과외 선생님은 『수학의 정석: 실력편』으로 수업을 진행했다네? 나는 B가 그 책을 펼치고 끙끙 앓는 모습을 보고, 왜 성적이 오르지 않는지 알 것 같았어. 성적을 떠나 아직 정신 건강이 온전한 게 다행이라는 생각까지 들었지.

B의 어머니는 내가 『수학의 정석: 실력편』으로 수업을 해 주기를 바랐지만 내가 B에게 내린 처방은 달랐어. 내가 추천한 문제집, 즉 나와 수업을 진행할 교재가 무엇인지 듣게 된 B와 어머니는 깜짝 놀랐지. 뭐였을까?

바로 검정고시 문제집이야. 둘은 실망한 기색이 역력했어. 특히 B는 자존심이 많이 상했나 봐. 혹시 서점에서 검정고시 문제집을 한 번이라도 들춰 본 적이 있어? 문제가 진짜 쉬워. 교과서 수준이거나 심지어 그 이하야.

그런데 내가 그 문제집을 선택한 데는 이유가 있었어. 거기서 발췌한 문제들을 B에게 풀게 했더니 65점이란 결과가 나왔기 때문이었지. 거의 70퍼센트니까 아까 내가 말한 기준에 부합하잖아? 너무 쉽지도, 너무 어렵지도 않은, 그게 B에게 딱 적당한 문제집이었던 거야.

2년 뒤 B는 대학교에 진학했어. B가 입시에 성공했냐고? 그건 굳이 말할 필요도 없을 것 같아. B는 대학교를 졸업한 후 지금은 정말 유명한 수학 선생님이 되었거든.

2 최소한 세 번은 반복해서 보겠다는 다짐하기

재밌는 이야기를 하나 해줄까? 프로게이머 알지? 게임 대회에 나가서 상금도 타고, 연봉도 수억 원씩 받는 사람들 말이야. 그 프로게이머들은 도대체 어떤 마우스를 쓰는지 궁금하지 않아? 수십, 수백만 원짜리 최신 마우스를 쓸까?

놀랍게도 많은 프로게이머가 L사의 평범한 구식 마우스를 쓴다고 해. 더 놀라운 사실이 뭔지 알아? 그 제품은 구식인 정도를 넘어 현재는 단종되었다는 거야. 정말 이상하지? 왜 단종된 구식 마우스를 고집할까? 이유는 의외로 간단해. 그게 자기가 써 왔던 마

설계도만 잘 짜도 90% 성공이다

우스이기 때문이지.

그 마우스는 그들이 데뷔하던 시절에는 꽤 잘 팔리던 마우스였어. 당시에는 반응 속도도 빠른 편이었고 손에 잡히는 느낌도 좋아서 선택한 건데, 시간이 지나다 보니 어느새 그게 손에 익어 버린 거야.

그래도 더 좋은 마우스가 계속 나오니까 최신 제품으로 바꾸는 게 낫지 않겠냐고 물으면 프로게이머들은 입을 모아 말해. '절대로' 그렇지 않다고. 자기 손에 익은 마우스를 버리고 최신 마우스를 선택하는 것은 시합을 포기하겠다는 뜻과 같다는 거지. 심지어 어떤 선수는 자기가 쓰는 마우스가 단종될 때를 대비해 미리 수십 개의 마우스를 사재기해 놓았다고 해. '익숙한 마우스'를 얼마나 중요하게 생각하는지 알 만하겠지?

내가 상담이나 강연을 할 때 자주 받는 질문이 있어. "저는 X학년입니다. 저 같은 경우 참고서나 문제집은 어떤 걸 봐야 할까요?" 내 대답은 늘 똑같아. 약간 장난기 섞인 대답이기도 하지.

"제일 좋은 문제집은 표지가 예쁜 문제집이에요. 그래야 책상위에 올려 둘 때 기분이 좋잖아요. 만약 표지가 모두 예쁘다면 종이의 질이 중요합니다. 형광펜을 칠해 보고 뒷장을 넘겼을 때 번지거나 비치지 않는 문제집이 좋은 문제집이에요."

내가 이렇게 대답하면 학생이나 학부모들은 웃음을 터트려. 농담이라 생각하는 거지. 하지만 나는 진심이야. 실제로 그게 내 기준이었어.

지금부터 하는 말을 꼭 기억해. 모든 문제집은 다 좋은 문제집이야. 어떤 문제집이든 그 과목 최고의 전문가들이 자기 명예를 걸고 쓴 책이야. 그 전문가들은 학생들이 반드시 알아야 한다고 생각하는 내용을 정리했고, 시험에 나올 만큼 중요한 문제들을 엄선해서 그 책에 실었지.

물론 미세한 수준 차이가 있을 순 있어. 그러나 그 미세한 차이 때문에 공부 효율이 달라지지는 않아. 즉 어떤 문제집을 골라서 공부를 하더라도 효과에 큰 차이가 없다고 생각하면 돼.

그러니 더 좋은 문제집을 찾기보단 지금 보고 있는 교재를 최소한 세 번은 반복해서 보는 게 좋아. 왜냐면 실력이란 많은 문제집을 풀었다고 오르는 게 아니고, 하나를 알더라도 제대로 알았을 때 오르는 거니까. 실력의 향상은 같은 책을 여러 번 봐야 비로소 이뤄지거든.

쉬운 예를 들어 볼까. 우리가 어떤 사람을 처음 봤을 때를 상상해 봐. 처음에는 "오! 잘생겼다"라든가 "음, 옷이 멋진데?" 등 그 사람의 전체적인 느낌만 기억에 남지? 그러다 두세 번 더 만나다 보면 처음에는 보이지 않았던 얼굴의 점이나 손톱의 길이도 보이

설계도만 잘 짜도 90% 성공이다

기 시작해.

공부할 때도 마찬가지야. 만약 '물은 0도에서 언다'라는 사실이 교재에 있다고 치자. 처음에는 이 내용을 보며 단순히 외우기만 할 거야. 하지만 교재를 반복해서 보면 이제 그 사실은 이미 알고 있으니까 다른 생각이 들기 시작하지.

예컨대 '어라? 물은 0도에서 언다면서 바닷물은 왜 한겨울에도 얼지 않는 거야?' '왜 몹시 추운 날에도 강물의 위쪽 부분만 얼고 그 밑은 얼지 않는 거지?' '물이 0도에서 언다는 말은 지구에서만 그런가? 우주에서는 어떻게 되지?' 이렇게 창의적인 질문이 떠올라.

그 질문에 대한 해답을 찾는 과정이 바로 사고력이 성장하는 길이야. 같은 문제집을 여러 번 풀다 보면 반복된 학습이 우리에게 '사고의 여유'를 가져다 줘서 좀 더 세밀한 관찰도 가능해지는 거지.

정리해 보자. 어떤 문제집이 가장 좋냐고? 내 대답은 '그런 생각 하지 말고 그냥 보던 거 여러 번 봐'야.

모든 과목을
예습·복습해야 하나요?

내가 쓴 다른 공부법 책에서 "그날 수업의 예습과 복습은 그날 끝내는 게 좋다"라고 말한 적 있어. 쉬는 시간 또는 자습 시간을 이용해서 그날 수업을 소화해야만 공부가 밀리지 않는다는 거지. 그런데 그 조언을 들었던 학생 중에 "그날 수업을 모두 예습, 복습 하기에는 시간이 모자라요. 어떤 과목을 예습 또는 복습해야 하나 요?"라고 묻는 경우가 많더라고. 여기서는 이에 대해 얘기해 보려고 해.

맞아. 사실 학기 중에는 하루 대부분이 '수업'으로 채워지지. 자 습 시간은 그리 많지 않아. 그러니 모든 과목을 예습·복습할 수는 없겠지. 만약 예습과 복습, 둘 중 하나만 할 수 있는 상황이라면 어떤 게 우선일까? 예습할 과목과 복습할 과목이 따로 있는 걸까?

결론부터 말하자면 그건 과목에 따라 달라지는 게 아니야. 수학은 예습해야 하고, 영어는 복습해야 한다는 식의 법칙은 없어. 정답은 과목보다는 '선생님의 수업 스타일'에 따라 달라진다는 거야. 그게 무슨 말이냐고? 자, 지금부터 찬찬히 설명해 줄게.

1. 내용 정리 위주의 수업은 예습하라

내용 정리 위주의 수업은 이해하기가 다소 어려울 거야. 왜냐면 '정리'라는 건 이해가 전제되어야 비로소 가능한 공부니까. 따라서 선생님이 수업 시간에 '쉬운 설명'보다는 '체계적인 정리'를 일목요연하게 하는 스타일이라면, 정리 이전의 공부인 '이해'는 스스로 먼저 해야 해.

선생님이 내용 정리 위주로 수업을 하는지는 어떻게 알 수 있을까? 칠판에 판서를 열심히 하는 선생님이라면 그런 스타일이라고 봐도 무방해. 왜냐면 칠판에 뭔가를 빼곡히 쓴다는 것 자체가 말로 설명하는 시간은 그만큼 적다는 뜻이니까.

만약 예습하지 않은 상태에서 이런 선생님의 수업을 들으면 어떨까? 아마 칠판에 적힌 수많은 내용이 좀처럼 와닿지 않을 거야.

'어휴, 저게 다 무슨 말이지? 설마 저걸 다 따라 적어야 하는 걸 까?'라는 생각만 들겠지.

따라서 이런 선생님의 수업은 반드시 예습해야 해. 그래야 선생님이 필기하고 있는 내용이 어떤 의미인지, 어느 정도 중요한지 곧바로 파악할 수 있으니까. 게다가 예습하면 칠판에 적힌 걸 힘들게 다 따라 적지 않아도 돼. 내가 잘 모르는 부분, 중요한 부분만 골라서 필기하면 되니까.

이렇게 수업을 듣는다면 몸도 편할뿐더러 시험 기간에 공부할 내용도 훨씬 줄어드는 게 당연하겠지?

2. 문제 풀이의 비중이 높은 수업은 예습하라

문제 풀이는 왜 하는 걸까? 정답을 알기 위해서? 나는 문제를 푸는 이유가 아무것도 모르는 상태에서 정답에 스스로 이를 수 있는 능력을 키우기 위해서라고 생각해. 그런데 이 능력은 스스로 고민하면서 문제를 풀어 봐야 늘 수 있어. "이 문제는 이래서 정답이 이거야! 알겠지?"라는 선생님의 설명을 아무리 들어 봐야 내가 풀지 않으면 실력은 성장하지 않아.

그러니 만약 어떤 선생님의 수업에서 문제 풀이의 비중이 높다면 그 과목은 복습보다는 예습하는 게 맞아.

설계도만 잘 짜도 90% 성공이다

간혹 어떤 학생은 선생님이 풀어 줄 것 같은 문제는 미리 풀지 않고, 선생님이 안 풀어 줄 것 같은 문제만 스스로 푸는 경우가 있어. 하지만 오히려 반대로 해야 해. 선생님이 풀어 줄 것 같은 문제를 미리 풀어야 선생님의 풀이와 내 풀이를 비교할 수 있거든. 풀이 과정을 비교하면서 깨달음을 얻을 수 있는 거지.

'헐? 저게 뭐야? 나는 삼각형의 넓이 공식으로 풀었는데, 세상에나! 저렇게 좌표평면에서 점과 직선 사이의 거리 공식으로도 풀 수 있는 거였어? 우와. 대박 신기하다!' 이런 신선한 충격이 차곡차곡 쌓이면 그게 상위권으로 올라가는 디딤돌이 될 거야.

3. 중요한 것 위주로 진행되는 수업은 복습하라

선생님 중에는 간혹 모든 부분을 꼼꼼히 설명하는 대신 흐름만 짚어 주는 스타일이 있어. 예컨대 "이건 안 중요하니 그냥 넘어가고……. 그래. 이 부분만 설명을 해 보겠어요"라는 식이지.

이런 선생님의 수업을 예습하는 것은 별로 효율적이지 않아. 왜냐고? 당연하게도 예습은 아무것도 모르는 상태에서 해당 부분을 공부하는 거잖아? 만약 뭐가 중요한지 모르는 상태에서 공부하면 지엽적인 부분에 너무 많은 시간을 쓰게 될 거야. 그런데 이런 스타일의 선생님은 그런 위험을 미리 막아 주고 있는 거지.

앞으로 어떻게 공부하는 게 좋은지 알려 주는 거니까 이 선생님의 수업 자체가 일종의 예습이 되는 거야. 따라서 이 경우는 수업이 끝난 뒤 복습하면서 선생님의 설명을 다시 떠올리는 식으로 공부하는 게 좋아.

4. 쉽게 이해시켜 주는 스타일의 수업은 복습하라

선생님이 수업 시간에 예화나 사례 혹은 비유를 자주 들면서 설명하는 스타일이라면 어떨까? 이런 선생님은 수업 시간에 친절하게 이해를 시켜 주기 때문에 혼자 예습하면서 끙끙 앓을 필요가 없겠지. 이런 과목은 굳이 예습하지 말고 수업 시간에는 이해 위주로 편하게 들으면 돼. 대신 아직 기억이 남아 있는 당일 자습 시간에, 내가 이해했던 지식을 복습하며 차곡차곡 머릿속에 정리하는 데 노력을 쏟는 것이 효율적이야.

설계도만 잘 짜도 90% 성공이다

계획이 항상
작심삼일이 돼요

공들여 계획을 세웠지만 며칠 못 가 실패했던 경험은 누구나 있을 거야. 나 역시 그랬어. 처음 공부를 시작할 때는 색색깔의 예쁜 볼펜으로 계획표를 몇 시간 동안 정성껏 만들기도 했어. 다 만들면 공부하고 싶다는 의욕이 마구 솟을 것만 같았어. 결과는 어땠냐고? 당연히 3일 만에 아무짝에도 쓸모없는 쓰레기가 됐지.

그렇게 열심히 계획표를 짜고 버리고, 짜고 버리고……. 수없이 반복하니 '이게 뭐 하는 짓이지? 아예 지키질 못하는데 계획표가 다 무슨 소용이야?' 하는 자괴감이 생기더라고.

하지만 지금은 내 공부의 버팀목이 바로 계획표였다고 자신 있게 말할 수 있어. 내가 갑자기 불굴의 의지를 가진 사람으로 변해서일까? 당연히 그건 아니었어. 단지 계획을 세우는 '요령'이 생겼을 뿐이지. 지금부터 그걸 알려 줄게.

일단 우리가 계획을 지키는 데 실패하는 이유가 도대체 뭘까? 내가 생각하기에 원인은 두 가지야. 첫째, 자신을 보지 않고 해야 할 일만 보기 때문이고, 둘째, 계획을 현실로 만드는 건 결국 '사람'인데 사람은 '감정'의 동물이란 걸 고려하지 않았기 때문이야.

공부법에 뜬금없이 웬 감정이냐고? 잘 생각해 봐. 공부는 누가 해? 바로 사람이 하지. 그리고 사람은 이성보다 감정에 움직일 때가 훨씬 더 많아. 우린 그걸 절대 잊으면 안 돼.

예를 들어 공부해야 한다는 것은 알지만 도저히 할 기분이 나지 않으면 당연히 공부하기가 힘들겠지. 아무리 이성이 '지금 해야 해!'라고 소리쳐도, 감정이 '어휴, 하기 싫어!'라고 고집 부리면, 결국 우리는 이성보다 감정에 따르게 되는 경우가 많아.

반면, 왜 해야 하는지는 잘 모르겠지만 왠지 공부할 기분이 난다면 그 감정 덕분에 공부가 잘되기도 하지. 쉽게 말해서 감정보다 공부를 이끌어 주는 강력한 동기는 없다는 거야. 그러니 계획표를 세울 때도 이런 감정을 최대한 살리는 데 초점을 맞춘다면 반드시 성공하는 계획표를 만들 수 있어.

설계도만 잘 짜도 90% 성공이다

일단 우리가 과거에 실패했던 계획표들을 한번 떠올려 보자. 혹시 해야 할 공부들을 단순히 날짜별로 분배만 한 건 아니었니? 그런 무미건조하고 기술적인 계획표는 사실 누구라도 지키기 어려울 거야. 계획표는 감정을 고려해야 하고 특히 불안감이나 부담감이 들지 않게 만들어야 해.

만약 공부해야 할 것들을 그대로 날짜별로 집어 넣으면 불안하지는 않겠지. 그대로 지키기만 하면 되니까. 대신 '내가 이걸 할 수가 있을까?'라는 부담감이 생길 거야. 반면 너무 적은 분량을 계획하면 어떨까? 그 경우 부담감은 없겠지만 '이렇게만 공부해도 되나?'라는 불안감이 생기겠지. 그렇다면 불안감과 부담감이 들지 않는 계획표를 만들려면 어떻게 해야 할까?

정답은 '계획을 못 지켜도 다시 복구할 수 있는 시스템'을 미리 준비하는 거야. 나는 이것을 '로스 타임(Lose Time)'이라고 불러.

축구 경기를 보면, 전광판 시계는 90분이 지나서 멈췄는데도 경기가 계속 진행될 때가 있지? 로스 타임, 즉 추가 시간 때문이야. 경기 도중에 선수가 부상당하는 등 여러 사정 때문에 경기가 지체되는 시간이 있는데, 이런 시간을 모아서 $+\alpha$의 시간을 조금 더 주는 것을 로스 타임이라 불러. 지금부터 말할 세 가지 로스 타임 방식을 한번 실천해 봐.

1. 계획표를 짤 때 일주일 중 이틀은 비워 두자

계획을 세우는 요령을 모를 때 나는 내가 해야 할 일을 모두 계획표에 쏟아부었어. 좀 힘들겠지만 강한 의지로 밀어붙인다면 왠지 달성할 수 있을 것 같은 그런 계획표였지.

첫날은 꽤 만족스러웠어. 물론 못 끝낸 부분도 있었지만 다음 날 열심히 하면 만회할 수 있을 것 같았거든. 하지만 다음 날, 어제 못 끝낸 부분을 마무리하는 데만 벌써 반나절이 지나가 버린 거야. 결국 밤이 되었는데도 오늘 해야 할 분량의 절반밖에 완수하지 못했어.

셋째 날, 나는 절망에 빠지고 말았어. 이제는 밀린 공부가 거의 하루 분량이 된 거야. 심지어 주말이 되니까 어느덧 2~3일 분량이나 밀려 있었어.

일요일 밤, 나는 결국 지키지 못한 계획표를 멍하니 바라보며, 공부가 정말 끔찍하다고 생각했어. 더는 계획표를 세우기 싫었고 공부도 하기 싫었지. 그렇게 다음 일주일은 정신을 놓고 내리 놀다가, 그 주의 마지막 날에야 '더는 놀면 안 돼'라는 불안감에 다시 계획표를 짰어. 그렇게 나는 일주일은 스트레스받으며 공부하고, 다음 일주일은 자포자기로 노는 패턴을 반복했어.

그렇게 여러 번 시행착오를 겪던 어느 날, 나는 밑져야 본전이라는 생각으로 그동안의 계획표를 과감히 바꾸기로 결심했어. 수

설계도만 잘 짜도 90% 성공이다

요일과 토요일을 아예 비워 둔 거야. 이유는 단순해. 어차피 계획은 밀릴 테니까 밀린 공부를 하는 날을 아예 정해 버린 거지. 즉 월·화에 공부하다 밀린 공부는 수요일에 하고, 목·금에 공부하다 밀린 건 토요일에 한다는 거야. 결과는 어땠을까?

완전 대성공이었어! 계획도 잘 지켜졌지만 무엇보다 좋았던 건 '계획을 못 지켜도 수요일과 토요일이라는 완충 장치가 있다'는 생각에 마음이 편해진 거였어. 이제 예전과 같던 초조함은 사라지고 자신감이 생기기 시작했지.

참 이상하지 않아? 내가 새로 세운 계획표는 분명 예전에 세웠던 계획표보다 이틀이나 더 공부를 안 하는 계획표인데도, 나는 새 계획표 덕분에 예전보다 더 많이 공부하게 됐다는 게 말이야. 그것도 불안이나 초조, 열등감이 아닌 훨씬 편안한 감정으로 말이지. 이게 로스 타임의 위력이야.

2. 계획표를 짤 때 하루에 2시간은 비워 두자

고등학교 2학년 때, 나는 옆자리 친구와 소소한 내기를 한 적이 있어. 똑같이 『개념원리』 수학에서 같은 단원을 하루 동안 공부하기로 했지. 살펴보니 필수예제와 연습문제로 구성되어 있더라.

아침에 계획을 세울 때, 나는 위에서 얘기한 원칙대로 로스 타임을 두기로 했어. 오후 10시에 자습 시간이 끝나니까 일일 계획표에는 오후 8시까지만 적은 거야. 8시부터 10시까지 그 2시간은 로스 타임이 되는 거지. 그런데 그렇게 2시간을 빼니까 필수예제만 풀 수 있을 것 같았고, 연습문제까지는 도저히 안 되겠더라고. 그래서 '8시 전까지 필수예제만 다 풀자'라고 목표를 잡았지. 반면 친구는 '10시까지 필수예제와 연습문제를 모두 다 풀자'라고 목표를 잡았고.

우리 둘 다 온종일 열심히 공부했어. 실력이 비슷해서 그런지 8시쯤 되니까 두 사람 진도가 얼추 비슷하더라고. 필수예제까지 모두 풀었지. 그런데 자습은 10시에 끝나잖아? 아직 2시간이 남은 거야. 그래서 나는 그동안 연습문제를 절반 정도 풀었어. 친구도 그랬고.

결국 결과는 무승부야. 친구와 나는 하루 동안 거의 같은 분량의 공부를 했지. 그런데 내가 깨달음을 얻은 건 바로 그다음 장면 때문이야. 밤 10시에 자습을 마친 그 친구의 표정이 정말 안 좋더라고. "아, 짜증 나서 못 해 먹겠네! 연습문제도 전부 끝낼 수 있었는데 못 지켰네. 아 진짜 공부하기 싫어진다!"라고 하더라?

반면 나는 기분이 너무 좋았지. 왜냐면 원래 목표인 '필수예제 다 풀기'는 8시에 이미 달성했고, 로스 타임 2시간 동안 연습문제를 절반이나 더 풀었으니까. 즉, 난 초과 달성이야. 그래서 자신감이 생겼고 덕분에 다음 날도 열심히 공부하게 됐어. 반면 그 친구

설계도만 잘 짜도 90% 성공이다

는 자기 딴엔 계획을 지키는 데 실패한 거라 실의에 빠졌는지 다음 날에는 쉬는 시간마다 엎드려 잠만 자더라고.

3. 계획표를 짤 때 한 시간에 10분은 비워 두자

이 원칙은 한 시간 단위의 공부 시간에도 적용할 수 있어. 만약 우리가 한 시간 동안 10페이지를 읽을 수 있다고 치자. 그런데 읽어야 할 게 50페이지네? 이 경우 대부분 학생은 5시간을 계획으로 잡을 거야. 이제는 이러면 안 된다는 걸 알겠지? 왜겠어? 로스 타임이 전혀 없잖아.

사람은 감정의 동물이라 공부하기 싫어질 때가 분명히 있어. 잡생각이 들 수도 있고. 그러니 1시간에 10분은 논다고 가정해야 그게 현실적인 계획이 되는 거야. 따라서 이런 경우는 1시간에 10페이지가 아니라 8페이지만 읽을 수 있다고 가정해야 해. 그렇다면 50페이지를 읽기 위해 필요한 시간은 5시간이 아니라 6시간이지. 여기서 늘어난 1시간이 로스 타임인 거야. 이제 완전히 이해되지? 앞으로 이런 방식으로 계획을 세우면 더는 계획이 실패할 일은 없어.

계획대로 공부하기가
지겨워질 땐 어쩌죠?

내 능력에 맞게 공부 목표를 세웠는데도 막상 공부를 해 보니 계획을 지키기가 힘들었던 적이 있을 거야. 별로 무리한 계획도 아니었는데 뭔가 답답한 기분에 진도도 제대로 나가지 않고 말이야. 이럴 때는 어떻게 해야 할까? 내가 터득한 방법 세 가지를 소개할게.

1. 성격이 다른 과목을 교대로 배치하자

보디빌더들은 어떻게 멋진 근육을 만들까? 몸의 모든 부위를 매일 단련하는 걸까? 결론부터 말하면 번갈아 가면서 운동한다고 해. 예컨대 오늘 팔운동을 했다면 내일은 다리운동을 하는 식이지. 이러면 매일 운동하는 것 같지만 사실 몸의 각 부위가 번갈아 가면서 적절히 휴식하는 거라, 회복도 잘되고 근육도 잘 만들어진다고 해.

공부도 같은 원리를 적용할 수 있어. 수학 문제를 계산하는 것과 시를 감상하는 것은 둘 다 두뇌가 하는 일이야. 하지만 계산을 할 때와 감상을 할 때 사용되는 뇌의 영역은 다르지. 따라서 성격이 다른 과목을 번갈아 공부하면 겉으로 보기에는 쉬지 않고 공부하는 것처럼 보이지만, 사실은 뇌의 각 영역이 번갈아서 적절하게 휴식하는 셈이지.

수학이나 과학은 논리적으로 사고해야 하는 과목이야. 정확한 계산이 필요하지. 그렇기 때문에 수학을 공부하고 나서 같은 성격의 과목인 과학을 공부하는 것은 비효율적이라고 할 수 있어. 이럴 땐 성격이 다른 과목을 공부하는 편이 효과적이야. 논리적인 과목인 수학을 공부하고 나서는 국어나 영어 같은 어학 과목을 공부하거나 국사나 지리 같은 암기 과목을 공부하는 것처럼 말이야. 이렇게 성격이 다른 과목을 번갈아 공부하면 지겨움을 방지할 수도 있고 결과적으로 계획을 지킬 확률이 높아지겠지.

2. 시간표가 아닌 과제표를 만들어 보자

우리는 흔히 분 단위의 시간에까지 공부 분량을 욱여넣는 '시간표'식 계획표를 짜는 경우가 많아. 나 역시 처음에는 빡빡한 시간표를 많이 만들어 봤는데 그런 계획은 결국 잘 지켜지지 않더라. 스케줄에 매여 있다는 답답한 느낌에 오히려 공부하기가 싫어지고 부담감도 더 커지고 말이야.

나처럼 틀에 박히는 걸 싫어하는 스타일이라면, 빡빡한 시간표보다는 간단한 과제표를 만드는 게 나아. 과제표식 계획이란, 시간에 관계없이 하루 목표를 그날 안에 끝내기만 하면 되는 방식이야. 시간에 구애받지 않아도 되니 계획을 지켜야 한다는 부담감이 훨씬 덜하지.

예를 들어 오늘 하루 동안 공부할 것이, 영어 단어 100개 외우기와 수학 문제 100개 풀기라고 해 볼게. 이걸 시간표로 짠다고 가정하면 '오전 - 영어 단어 100개, 오후 - 수학 문제 100개' 이런 식이 되겠지.

그런데 막상 공부하다 보니 단어를 외우기가 너무 지겨워졌어. 그래서 단어 50개 → 문제 50개 → 단어 50개 → 문제 50개, 이렇게 번갈아 가면서 하는 게 어떨까 하는 생각이 들었지. 이때 어떤 감정이 들까? 대부분 죄책감이나 좌절감이 들게 돼. 왜냐면 그건 애초의 시간표를 어기는 셈이니까. 이제 공부의 흥미는 사라지고

설계도만 잘 짜도 90% 성공이다

'오늘도 실패했구나.' 하는 기분만 남게 되지.

게다가 오전에는 영어 단어를 외우기로 했는데 피치 못할 사정 때문에 아예 공부를 못 했다면? 그럼 오후 계획표를 완전히 새로 짜야 하니까 시간도 많이 소요되고 자신감도 하락하겠지?

그러니 시간표보다는 과제표가 더 나아. 과제표는 별거 아니야. 그냥 오늘의 할 일을 '영어 단어 100개, 수학 문제 100개'로 정해 두기만 하고, 구체적으로 무엇을 몇 시에 할지는 그때그때 나의 상황이나 컨디션에 맞추는 거야.

이건 주 단위의 계획표를 세울 때도 마찬가지야. 월요일에 할 공부, 화요일에 할 공부를 꼼꼼하게 계획하기보다 이번 주에 끝내야 할 공부들만 정해 두는 거야. 그리고 자신에게 어느 정도 '운영의 자유'를 주면서 공부하면 부담도 덜해지면서 결국 계획을 지킬 확률이 높아지지.

나는 성적이 올라가면서 계획표가 점점 단순해졌어. 최상위권에 올랐을 때 공부 분량은 폭발적으로 늘어났지만 계획표를 짜는 데에는 오히려 시간이 거의 걸리지 않았어. 왜냐면 나의 계획이 '시간표'에서 벗어나 점점 '과제표'로 바뀌어 갔기 때문이야.

다음의 과제표는 실제로 내가 수능 한 달 전에 썼던 방식이야. 한번 같이 살펴볼까?

EBS Final	1회	2회	3회	4회
국어	10월 1일 (95점)	10월 2일 (97점)	10월 2일 (98점)	
수학	10월 1일 (92점)	10월 2일 (88점)	10월 4일 (96점)	
영어	10월 1일 (98점)	10월 2일 (99점)	10월 4일 (94점)	
사회탐구	10월 1일 (89점)	10월 2일 (92점)	10월 4일 (95점)	

어때? 꽤 간단해 보이지? 이게 나의 '일주일 계획표'야. 참고로 계획 단계에서는 과목명과 회차가 적힌 칸을 제외하고 모두 빈칸으로 놔두는 게 포인트야. 즉 이 표에서 1회, 2회, 3회, 4회는 모의고사 회차를 의미하는 것이고, 국어, 수학, 영어, 사회탐구 등은 당연히 과목을 의미하지.

이때 국어 1회를 언제 할지는 굳이 적지 않고 빈칸으로 두었다가, 실제로 내가 그걸 완료하면 비로소 빈칸에다 공부한 날짜와 결과(점수)를 적는 거야. '10월 1일(95점)'이런 식으로 말이야.

원래는 매일 모의고사를 한 회씩 치려고 했는데 꼭 그렇게 되지는 않았어. 그날의 기분에 따라 달라졌지. 예컨대 10월 2일은 국어를 2회 연달아 치르기도 했고(2회와 3회), 10월 3일은 사회탐구를

설계도만 잘 짜도 90% 성공이다

정리하느라 모의고사를 치지 못하기도 했어. 내가 만약 시간표를 만들었다면 이런 일이 생겼을 때마다 계획표를 수정해야만 했을 거야. 하지만 시간표가 아닌 과제표를 만든 덕분에 나는 융통성 있게 계획을 운영할 수 있었고 결국 예정된 시간보다 빠르게 공부를 마칠 수 있었어.

3. 계획을 융통성 있게 수정하자

숙련된 작업공은 일을 시작하기 전에 무엇을 먼저 생각하는지 알아? '어떻게 열심히 일할까?'라는 생각이 아니야. 반대로 '어떻게 하면 쉽게 이 일을 끝낼 수 있을까?'라는 질문을 던지지. 나는 공부도 마찬가지라고 생각해. 열심히 하는 것은 좋은 미덕이지만, 그보다 선행되어야 할 것은 더 쉬운 방법은 없는지 찾아보는 거야.

내가 예전에 한국사 공부를 할 때의 일이야. 그날의 목표는 '교과서 세 번 읽기'였지. 그 정도로 반복해서 읽으면 그 단원을 확실히 마스터할 수 있을 것 같았거든.

그 자리에서 한국사 교과서를 한 차례 다 읽었어. 그런데 너무 오랜 시간 앉아서 집중한 탓인지 갑자기 온몸에 힘이 쭉 빠지더니 머리가 지끈거리는 거야. 잠깐 쉬고 와서 다시 읽기 시작했지만, 그때부턴 집중도 잘 안되고 너무 지루했어. 방금 본 내용이라 다

아는 것 같았거든. 나는 곧 후회했지. '아, 어쩌자고 이 지겨운 걸 세 번이나 하겠다고 계획했을까?'

모래알을 씹는 기분으로 가까스로 책을 읽어 나가다 문득 이런 생각이 들었어. '지겹더라도 참고 견디는 게 아예 공부를 안 하는 것보다는 낫겠지. 근데 이건 왠지 비효율적인 것 같은데?'

나는 더 이상 '비효율적인 끈기'를 발휘하지 않기로 했어. 읽는 것은 그냥 한 번으로 끝내고 바로 문제집을 풀었지. 그런데 신기한 일이 일어났어. 방금 교과서에서 읽었던 내용을 묻는 질문인데 기억이 하나도 안 나는 거야. 이해하고 있었다고 생각했는데 사실 이해를 못 했던 거고, 암기했다고 생각했는데 사실 암기가 안 된 거지.

중요한 건 이거야. 그런 사실을 교과서를 읽는 동안에는 전혀 몰랐는데 계획을 융통성 있게 바꾸어 문제집을 풀어 봤더니, 비로소 그동안 내가 비효율적으로 공부하고 있었다는 사실을 깨달은 거지.

공부란 그런 거야. 열심히 공부하기만 하면 그게 비효율적인 일임을 잘 모르는 경우가 많아. 그럼 언제 알 수 있느냐? 공부 방법을 이리저리 바꿔 봐야 해. 만약 한국사 교과서를 세 번 읽기로 계획했는데 지겨워서 도저히 집중이 안된다면 괜히 버티면서 스트레스받지 말고 과감히 교과서를 덮도록 해. 그리고 방법을 바꿔

설계도만 잘 짜도 90% 성공이다

보는 거야. 예컨대 문제집을 풀어 본다든가, 내가 직접 문제를 만들어 본다든가, 친구와 함께 번갈아 질문한다든가. 다른 공부 방법을 시도해 보는 거지.

이렇게 상황에 따라 계획을 그때그때 수정하는 것. 이것도 우리가 갈고닦아야 할 공부 능력 중 하나라고 봐.

학습일지는
어떻게 쓰나요?

신기한 것 하나 알려 줄까? 핵폭탄 알지? 떨어지면 도시 하나가 날아가는 그 무시무시한 폭탄. 근데 그걸 만드는 방법이 그렇게 어렵지가 않대. 핵폭탄 설계도도 쉽게 구할 수 있대. 구글을 뒤지다 보면 의외로 쉽게 찾는다 하더라고. 심지어 대학에서 물리학을 전공한 사람이라면 자기가 직접 설계도를 만드는 것도 가능하대.

그런데 설계도를 구하기가 쉽다는 말이 핵폭탄을 만들기가 쉽다는 말은 결코 아니야. 폭탄의 재료가 되는 우라늄 또는 플루토늄을 구하는 게 거의 불가능할 정도로 어렵거든.

공부도 그래. 설계도를 구하는 것과 실제로 만드는 것이 별개의 일이듯 '계획을 세우는 것'과 '실제로 공부를 하는 것'도 전혀 다른 일이지.

시험 일정이 발표되면 매번 계획표를 세웠지? 하지만 그 계획표에 맞춰 제대로 공부한 적은 많지 않을 거야. 왜 그럴까? 대표적인 이유는 계획표에 내가 '할 수 있는 것'이 아닌, '해야 할 것'만 담았기 때문이야. 당연한 말이지만 내 능력에 맞는 계획이어야 성공할 수 있어.

그렇다면 내 능력은 어떻게 알 수 있을까? 바로 학습일지를 쓰는 거야. 지금부터 구체적인 방법을 알려 줄게. 일단 학습일지의 한 예시를 보자. 어떤 학생이 아래처럼 학습일지를 적었어.

1월 1일	국어	영어	수학	기타과목
아침 자습	X	영어 듣기	X	
점심 시간	X	X	기출문제	한국사 교과서 읽기
야간 자율	인터넷 강의			
밤(집에서)	X	X	X	X

일단 이 학습일지에는 큰 문제점이 하나 있어. 바로 구체적인

공부 분량이 드러나 있지 않다는 거야. 단순히 '아침 자습 시간에 영어듣기를 했다'라고만 적혀 있을 뿐, 구체적인 공부 시간과 공부 분량은 전혀 알 수 없지.

학습일지는 일기가 아니야. 누가 보더라도 그 사람이 공부한 분량을 한눈에 알 수 있도록, 실제로 달성한 공부의 '구체적인 분량과 소요 시간'을 적어야 해.

한편 X 표시는 공부를 안 했다는 뜻일 텐데, 이럴 때는 X만 표시해 놓아선 안 돼. 만일 사정이 생겨서 공부를 못 했다면 그 이유도 적어야지. '일찍 잤음' '인터넷 글 봄' 'TV 봤음' '폰게임 했음'이라는 식으로 반드시 그 이유를 구체적으로 적어야 해. 왜냐면 공부 분량뿐 아니라 내가 무엇 때문에 얼마나 놀았는지도 알아 두어야 내 삶을 객관적으로 볼 수 있거든.

그 시간에 공부하지 않고 놀았다는 사실도 내 학습 능력의 한 부분이야. 단점을 구체적으로 알아야 보완도 할 수 있을 테니까 말이야. 학습일지를 하나 더 살펴보자.

1월	국어	수학	영어	사회탐구
14일(월)	A모의고사 1회/5회	○○수학 행렬 1/3	XX문법 1단원/18	한국사 교과서 1/5
15일(화)	A모의고사 2회/5회	○○수학 행렬 2/3	XX문법 2단원/18	한국사 교과서 2/5

설계도만 잘 짜도 90% 성공이다

16일(수)	A모의고사 3회/5회	OO수학 행렬 3/3	XX문법 3단원/18	한국사 교과서 3/5
17일(목)	A모의고사 4회/5회	OO수학 행렬 1/5	XX문법 4단원/18	한국사 교과서 4/5
18일(금)	A모의고사 5회/5회	OO수학 행렬 2/5	XX문법 5단원/18	한국사 교과서 5/5
19일(토)	복습	OO수학 행렬 3/5	XX문법 6단원/18	X

이번 학습일지는 아까보다 훨씬 구체적이지? 공부 분량도 숫자로 잘 쓰인 것 같고. 참고로 이 학습일지를 쓴 사람이 하루에 할 수 있는 공부 능력은 얼마나 될까? '국어 모의고사 1회, 수학 1/3~1/5단원, 영어문법 1단원, 한국사 교과서 1/5'이겠지.

이렇게 자신의 공부 능력을 정확히 아는 건 정말 중요해. 그래야 시험이 다가와 마음이 급하다고 해서 '매일 모의고사 3회씩 풀기' 같은 비현실적인 계획을 세우는 걸 막을 수 있거든.

그리고 학습일지를 보면 자기 공부의 문제점도 쉽게 발견할 수 있어. 예컨대 위 학습일지에서 국어를 살펴보면 일주일 동안 모의고사만 풀었다고 되어 있지? 이제 이 부분을 보면서 '내가 너무 문제풀이에만 치중하고 있나? 이게 끝나면 앞으로는 자습서 정독이나 교과서 문학작품의 정리, 속담·한자성어 정리 같은 것도 해야지'라는 식으로 공부의 방향을 수정할 수 있는 거야.

수학의 경우를 보자. '○○수학'이라는 교재를 봤다고 되어 있는데, 이래서는 하루에 몇 문제나 푸는지, 공부 시간은 얼마나 되는지 알 수가 없어. 페이지, 단원, 문제 수, 시간 등을 기준으로 잡아 숫자로 기록해 놓으면 자신의 공부 능력을 훨씬 객관적으로 파악할 수 있을 거야.

영어 부분을 보면 어떤 생각이 들어? 너무 문법 공부만 하고 있지 않아? '이 학생은 단어는 외우고 있을까?' 또는 '그럼 독해 공부는 안 하는 건가?' 이런 생각이 들 거야.

한국사 부분을 보니 한 주 동안 교과서를 봤다고 적혀 있네. 물론 교과서를 읽는 것은 중요한 공부지만, 만약 책상에 앉아 팔짱을 끼고 줄줄 읽기만 했다면 내용이 머릿속에 별로 남아 있지 않을 거야. 다음 주부터 문제 풀이에 들어간다면 응용력을 기를 수 있겠지.

이런 거야. 학습일지만 봐도 이 학생의 현재 상황 그리고 앞으로 개선할 부분이 한눈에 보이잖아? 그러니 꼭 기억했으면 좋겠어. 학습일지를 보면서 내가 어떻게 공부했는지 치열하게 반성하고 고민할 때 가장 효율적인 계획을 세울 수 있다는 것을.

설계도만 잘 짜도 90% 성공이다

"혹시 공부 계획과 시간 관리의 차이를 알고 있니? 공부 계획이란 특정 공부를 어느 요일, 어느 시간에 분배할지 구상하는 거야. 반면 시간 관리란 어느 시간에 공부하고, 어느 시간에 공부하지 않을지 결정하는 거지.

공부가 아무리 중요해도 사람이 온종일 공부만 할 수는 없어. 잠도 자야 하고 휴식도 취해야 하지. 이 부분을 어떻게 관리해야 하는지 내가 터득한 가장 효율적인 시간 관리법을 지금부터 알려 줄게."

4장 시간 관리

남들보다 인생을 2배로 사는 비법

잠은 언제,
얼마나 자야 할까요?

1. 나만의 적정 수면 리듬을 유지하자

너무 많이 자면 공부 시간이 줄어들 것이고, 너무 적게 자면 공부 시간은 많아지지만 공부 효율이 떨어지거나 건강에 무리가 가겠지. 그러니 '딱 적당한 시간만큼' 자는 것이 중요할 텐데, 문제는 그게 몇 시간이냐는 거야.

사실 이건 사람의 체질이나 환경에 따라 달라지는 부분이라서 '몇 시간이 가장 좋습니다'라는 일률적인 대답은 할 수 없어. 그렇지만 사람마다 달라지는 그 적정 수면 시간을 찾아내는 방법은 있어. 지금부터 내가 알려 주는 방법을 그대로 따라 해 봐.

일단 날을 잡아서, 그날 저녁 6시 이후에는 아무것도 먹지 않는 거야. 왜냐면 음식을 먹으면 몇 시간 동안 위장이 요동치면서 우리 몸의 숙면을 방해하거든. 그리고 저녁 9시 이후에는 (재미있어서 졸음을 참아 가며 하게 되는) 스마트폰, TV, 인터넷, 게임 등에 일절 손을 대지 않는 거야. 그래야 '나 지금 피곤해. 지금이 자야 할 시간 같아'라고 우리 몸이 알려 주는 미세한 신호를 잡아 낼 수 있거든.

물론 아무것도 하지 말고 그냥 멍하게 있으라는 건 아니고 책을 읽는 정도는 괜찮아. 침대에 기대앉아 책을 읽다가 눈꺼풀이 무거워지는 그 순간이 중요해. 그때가 몇 시인지 적어 둔 뒤, 절대 다른 행동은 하지 말고 즉시 누워서 자는 거야. 그리고 다음 날 '알람이 울리지 않아도 저절로 눈을 뜨게 된 시간'을 확인해 봐. 이 두 시간의 차이가 바로 나만의 '적정 수면 시간'이야. 참고로 나 같은 경우는 8시간이더라.

주의할 점이 하나 있어. 만약 아침에 눈을 떴는데 '아, 졸려. 조금만 더 자자.' 하며 다시 잠들었다면? 그 경우 '처음 눈을 뜬 시간'을 기준으로 계산해야 해. 왜냐면 그 시간이야말로 알람 같은 외부적인 자극 없이 내 몸이 '이제 피로가 다 풀렸어'라고 알려 준 시간이잖아? 피로가 다 풀렸으니까 알람 없이도 스스로 일어난 것 아니겠어? 그 뒤에 더 잔 건 그냥 게으름을 피운 거고.

자신의 적정 수면 시간을 알았다면 지금부터 여기에 맞게 생활 리듬을 고정해야 해. 쉽게 말해 이것보다 더 자지도 않고 덜 자지도 않는 연습이지. 예컨대 내 적정 수면 시간이 8시간이라서 밤 11시부터 아침 7시를 수면 시간으로 정했다면 그다음에는 어떻게 해야 할까?

아무리 피곤한 날도 일찍 자지 말고 밤 11시까지 버텨야 해. 반대로, 아무리 잠이 오지 않아도 밤 11시에는 무조건 누워서 눈을 감아야 하지. 이때 많은 학생이 실수해. '이렇게 잠도 안 오는데 괜히 누워서 시간을 허비하느니 차라리 공부를 좀 더 하자'라고 생각하면서, 그런 기특한(?) 생각을 한 자신에 대해 뿌듯해하지.

그러면 절대 안 돼. 잠깐의 공부보다 더 중요한 것은 규칙적인 생활 리듬이야. 공부는 내일도 할 수 있어. 그러나 생활 리듬이 무너지면 그걸 다시 바로잡기가 굉장히 어려워. 그러니 설령 잠이 오지 않더라도 자기로 했던 밤 11시가 되면 무조건 침대에 누워야 해.

만약 도저히 잠이 안 와서 새벽 2시에야 잠들었다면? 그 때문에 아침 7시에 도저히 못 일어나겠다면 어떻게 해야 할까? 이때도 적정 수면 시간 8시간을 확보해야 할까? 그래서 아침 10시까지 계속 자야 하는 걸까?

아니야. 설령 늦게 잤더라도 정해진 아침 7시가 됐다면 반드시 일어나야 해. 늦게 잤다고 늦게 일어나면, 다음 날 잠이 안 와서 또

남들보다 인생을 2배로 사는 비법

늦게 자게 되고, 그렇게 생활 리듬이 무너지는 거야. 물론 잠을 제대로 못 잔 그날 하루는 온종일 머리가 멍하겠지만, 대신 전날의 피로 때문에 그날 밤 11시에는 잠이 아주 잘 올 거야. 그러면 생활 리듬이 다시 안정을 찾게 되지.

어때? 이해되지? 수면 관리는 이렇게 계속하면 돼.

2. 아침에 일어나는 게 쉬워지는 방법들

처음부터 이른 아침 시간에 일어나기는 매우 힘들 거야. 하지만 그건 습관이 안 되어 있어서 힘들 뿐, 습관화되면 '제시간에 안 일어나는 것'이 오히려 불편해질 거야. 습관이 잡히는 기간은 대략 한 달 정도 걸려. 따라서 한 달 정도는 어느 정도 고생할 각오를 해야 할 거야.

이때 중요한 원칙 하나! 당연한 말이겠지만 일찍 일어나려면 일찍 자야 해. 간혹 어떤 학생은 잠을 늦게 자면서 "아침에 일어나는 게 왜 이렇게 힘든가요?"라고 하는데, 그 질문에는 내가 할 말이 없어. 그러니 일찍 일어나고 싶다면 먼저 일찍 자도록 해.

만약 일찍 잤는데도 다음 날 일어나는 게 힘들다면 그건 잠을 푹 자지 못해서 그런 거야. 수면의 질이 떨어지는 거지. 간단한 해결책이 있어. ① 운동, ② 뜨거운 샤워, ③ 영상 피하기, ④ 독서. 이

네 가지를 연이어서 하면 돼.

몸이 피곤하면 누구라도 푹 자게 되지. 그러니 저녁마다 땀이 나는 운동을 꾸준히 해 봐. 물론 잠들기 직전에 운동하는 건 곤란해. 운동하면 몸의 신경계가 흥분해서 2~3시간 동안은 오히려 잠이 잘 오지 않거든. 그러니 운동은 오후나 저녁 먹은 뒤에 하는 게 가장 좋을 것 같아.

그리고 자기 전에 뜨거운 물로 샤워도 하는 거야. 뜨거운 물로 샤워를 하면 운동으로 긴장된 근육이 풀리고 나른해져서 잠들기 쉬운 몸 상태가 되지.

샤워가 끝나면 TV나 인터넷 또는 스마트폰의 동영상을 피해야 해. 영상은 머릿속에 한동안 남아서 숙면을 방해하는 데다, 이런 것들은 시간 가는 줄 모르게 만들어서 내가 자야 할 시간을 놓치게 하니까.

샤워 후부터 잠들기 전까지 하면 좋은 건 '독서'야. 사실 아무리 재미있는 소설책이라도 책을 읽는다는 건 꽤 머리를 써야 하는 일이거든. 침대에서 책을 읽다 보면 금세 잠이 올 거야.

이렇게 운동, 샤워, 독서 순으로 잠들기 전의 시간을 보낸다면, 수면의 질이 높아지고 아침에 일어나기도 훨씬 쉬워질 거야.

남들보다 인생을 2배로 사는 비법

3. 일어나는 게 어렵다면 가족과 약속을 정해 보자

참고로 수면 리듬을 잡는 초기에는 알람만으로 일어나기 힘들수도 있어. 그럴 때는 가족의 도움이라도 받아 보자. 깨워 달라고부탁하는 방법도 있지만 솔직히 이건 별로 추천하지 않아. 왜냐고? 겪어 본 사람은 알겠지만, 이건 가족끼리 사이가 나빠지는 지름길이거든. 아침에는 누구나 정신이 없잖아? 피곤하니까 깨우는 가족에게 자기도 모르게 신경질을 부리게 되고, 깨우는 가족은 "네가 부탁해서 깨운건데 왜 나한테 짜증을 내?"라며 화를 내지.

이럴 땐 차라리 '벌금 제도'를 도입하는 게 나아. 예컨대 일어나는 건 스스로 알람을 맞춰 일어나되 정해진 시간보다 10분 늦게일어날 때마다 벌금이 천 원씩 올라간다든가, 전날 밤에 '보증금'으로 만 원을 화장실에 던져 놓고 만약 내가 제시간에 일어나서그 돈을 도로 가져가지 않으면 다른 가족이 그걸 가져가도 좋다는식의 규칙을 만드는 거지.

물론 만 원이 아깝다는 생각이 들 수도 있어. '꼭 그렇게까지 해야 하나?' 싶은 생각도 들 거야. 그러나 수면 리듬이 흐트러져서 허비된 인생은, 그리고 그렇게 놓친 아침 공부 시간은 돈으로 값을매길 수 없을 만큼 귀한 거야. 그 사실을 기억한다면 습관을 들이기 위해 쓰는 몇만 원 정도는 전혀 아까운 게 아니지.

혼자 공부할
시간이 부족해요

내가 학생들과 상담할 때마다 자주 듣는 하소연이 있어. 바로 "혼자 공부할 시간이 부족해요!"라는 말이야. 하긴, 우리나라 대부분 학생은 하루 수업을 다 마치면 스스로 공부할 수 있는 시간이 고작 두세 시간밖에 안 남으니 그런 고민이 드는 게 당연하겠지.

생각해 봐. 집에 돌아와서 책상에 앉았다 치자. 학교 숙제를 하는 데만 벌써 한두 시간이 훌쩍 지나 버려. 숙제를 마치고 이제 영어와 수학을 공부하려는데, 선행학습은커녕 남들 다 보는 문제집을 풀 시간도 별로 없을 거야. 게다가 문제집을 푼다 해도 한 시간에 고작 수학 문제 몇 개, 영어 지문 몇 개밖에 못 볼 때가 많지.

어떻게 해야 할까? 공부할 시간이 부족하니 지금보다 잠을 줄여야 할까? 그건 절대 안 돼. 성적을 올리고 싶은 학생이라면 밥은 먹지 않더라도 잠은 잘 자야 해. 밥 한 끼는 안 먹어도 공부에 지장이 없지만, 잠을 제대로 안 자면 다음 날 머리가 돌아가지 않으니까.

내가 충격적인 사실 하나 말해 줄까? 사실, 누구라도 공부할 시간은 부족하지 않아. 너의 하루를 떠올려 봐. 아침 일찍 등교해서 온종일 수업을 들었어. 학원에도 갔고, 집에는 밤늦게야 도착했지. 그럼 이미 '온종일' 공부한 것 아니겠어?

그런데도 공부 시간이 부족하다고 느껴지는 이유는 뭘까? 그건 자습 시간에 '그날 수업과 관계없는 공부'를 했기 때문이야.

하루에 몇 과목의 수업을 듣니? 중학교의 경우 적으면 4~5과목, 고등학교의 경우 많으면 8과목도 들어. 한 과목에 30분씩만 복습한다 쳐도 최소 2시간에서 최대 4시간이 소요돼. 복습하기도 벅찰 텐데 다른 문제집 볼 시간이 과연 있을까?

학교 수업과 별개로 나만의 공부를 하려 드니 당연히 공부 시간이 부족하다 느껴지지. 미안하지만 나는 이건 '성적을 올리기 위한 공부'가 아니라, 그저 '나의 불안을 달래기 위한 공부'라고 생각해. 그날 수업의 내용을 복습하는 건 (이미 들었던 걸 또 공부하는 셈이라) 왠지 시간 낭비로 느껴지는 거지. 수업 복습보다는 뭔가 새로운 것을 풀어야 성적이 오르지 않을까 싶은 생각에 문제집을 사 와서 공부하면, 공부 시간이 부족하게 느껴질 수밖에 없어. 그야말로 자기만족을 위한 공부일 뿐이지.

　그냥 자습 시간에는 그날 수업을 복습하자. 그게 공부의 기본이야. 자습 시간에 자기만의 공부를 해도 좋은 학생은 최상위권 학생뿐이야. 왜냐면 걔들은 수업의 내용이 이미 머릿속에 다 있으니 굳이 복습하지 않아도 되거든. 그러나 중상위권 이하의 학생이라면, 자습 시간에는 그날 수업을 복습하는 것이 성적을 올리는 가장 빠른 길이야.

　복습은 어떻게 하는 걸까? 방법은 간단해. 수업 시간에 필기한 것을 보면서 오늘 배운 내용을 떠올려 보는 거야. 필수적으로 외워야 한다면 외워 주고, 관련된 문제가 있으면 풀어 보는 거지. 자습 시간에 하는 공부는 이 정도로도 충분해. 귀찮을 수는 있겠지만 절대 어려운 것은 아니야.

　단, 꼭 지켜야 할 원칙이 있어. 수업의 복습은 반드시 '당일'에 해야 한다는 거야. 아직 기억이 머릿속에 남아 있을 때 되새김질을 해 주어야 해. 내일이면 기억이 사라져 버릴 수도 있으니까. 그날 저녁에 다시 한번 복습하는 것만으로도 그 지식은 오랫동안 나의 기억창고에 저장될 거야.

만약 모르는 부분이 있다면 즉시 옆 친구에게 물어보자. 몇 시간 전에 수업을 같이 들었기에 걔도 수업 내용을 기억하고 있을 테니까. 그 친구에게 '내일' 물어보면, 걔도 수업의 내용을 잊어버릴 테니 오늘의 수업에서 궁금한 게 있으면 즉시 물어봐야 해.

만약 모든 수업을 복습하기에도 자습 시간이 부족하다면 어떻게 해야 할까? 그때는 '선택과 집중'을 해야겠지. 오늘 수업에서 특히 어려웠던 부분만 복습하는 거야. 이건 매일 달라질 수 있어. 예컨대 나의 경우, 원래 영어가 약해서 자습 시간에는 주로 영어를 복습했어. 하지만 영어 수업이 비교적 쉬웠던 날에는 영어를 복습하는 대신 더 어렵게 느껴졌던 과학을 복습했지. 이런 식으로 그날의 자습 시간마다 무엇을 얼마나 복습할지 결정하면서, 가장 취약한 부분 위주로 자습 시간을 보내면 돼.

만약 복습을 끝내고도 시간이 남는다면? 그때 비로소 내 공부를 시작하는 거야. 무엇을 공부해도 상관없지만, 보통은 약한 과목을 공부하는 게 좋아. 여기까지도 모두 끝냈다면? 그럼 그날 공부는 그걸로 충분해. 더는 초조해하지 말고 책을 덮고 과감히 잠자리에 들자.

이런 식으로 공부하면 밤에 잠도 푹 잘 수 있고, 다음 날 정신도 맑아지지. 상쾌하게 하루를 시작한 다음 날의 공부도 효율적일 테고. 내가 약속하건대, 머잖아 성적도 분명히 팍팍 오를 거야.

때로는 마음이 약해지고 불안해질 수도 있어. 나는 수업 내용을 반복해서 보고 있는데 옆 친구는 뭔가 좋아 보이는 문제집을 풀고 있다? 이럴 때 '헉, 나만 뒤처지는 것 아니야?'라는 마음이 들 거야. '나도 뭔가 새로운 공부를 해야 하는 게 아닐까?' 하는 불안한 마음도 들겠지.

괜찮아. 내가 겪어 봐서 잘 아는데, 새로운 내용을 많이 보거나 문제집을 많이 푼다고 성적이 오르는 게 아니야. 그저 봤던 걸 또 보고, 수업 시간에 들었던 것을 저녁에 착실하게 복습하고, 그런 하루가 반복되고 누적될 때에야 성적이 오르는 거지.

이렇게 너만의 페이스를 잘 유지해 보렴. 자기만의 속도대로, 자기만의 패턴대로, 흔들림 없이 '하루 공부'를 꾸준히 실천하면 돼. 그러면 더는 시간에 쫓기는 공부가 아닌, 오히려 시간을 버는 공부를 해 나갈 수 있을 거야.

쉬는 시간에
꼭 공부해야 하나요?

"예전보다 더 많이 공부하고 있는데, 그럼 등수도 당연히 올라야 하는 거 아닌가요?"

고민이 있다며 날 찾아온 어떤 학생이 했던 말이야. 그 학생은 공부 시간을 늘렸는데도 성적이 오르지 않는다며 힘들어했지. 차라리 열심히 하지 않았더라면 이렇게 억울하지는 않았을 거래. 나는 안타까운 마음이 들었어. 의욕을 잃고 공부를 놔 버릴까 걱정도 됐고.

나는 좌절할 필요가 없다고 말해 주었어. 왜냐면 그 학생이 미처 생각하지 못한 게 하나 있기 때문이야. 그게 뭐냐고? 걔가 말한

'열심히'의 기준점은 어디까지나 '과거에 공부를 안 했던 자기 자신'이었어. 즉 다른 경쟁자보다 더 열심히 했다는 건 아니었거든. 쉽게 말해, 경쟁자와 자신의 수준이 얼마나 벌어져 있는가에 대해선 미처 생각하지 못한 거지.

혹시 공부를 뒤늦게 시작했니? 아니면 꿈을 높게 가졌기에 올라가야 할 곳이 저 멀리 있니? 그렇다면 조금 냉정하게 들릴 수도 있겠지만, 앞서 있는 경쟁자와 이미 벌어진 실력의 차이는 '조금의 노력'으로는 뒤집기가 쉽지 않다는 점을 일단 인정해야 해. 성적을 올리려면 단순히 예전의 나보다 열심히 하는 수준이 아니라, 이미 상대보다 뒤처진 공부 분량을 모두 만회할 만큼의 노력을 들여야 하는 거야. 이 사실을 분명히 알고 있어야 오히려 공부하는 마음이 지치지 않지.

예를 들어 나보다 공부를 잘하는 친구가 있다고 가정해 보자. 그 친구는 지난 1년간 나보다 매일 1시간만 더 공부해 왔어. 그렇다면 현재까지 친구는 나보다 약 360시간가량 공부를 더 한 셈이야. 이제 기말고사는 3개월 뒤라고 가정하자. 내가 이번 시험에서 그 친구를 제치려면 얼마나 공부를 더 해야 할까?

내가 만약 지금까지의 공부 시간을 그대로 유지한다면, 3개월 뒤 그 친구는 나보다 총 450시간을 앞서게 돼(지난 360일 + 시험

남들보다 인생을 2배로 사는 비법

까지 90일). 그러니 내가 3개월 안에 친구를 따라잡으려면 나는 친구보다 450시간을 더 공부해야 하겠지? 3개월 동안 450시간이면 하루에 5시간이야. 이건 하루에 5시간만 공부하라는 뜻이 아니야. 지금보다 5시간을 '더' 공부해야 한다는 말이지. 그런데 이게 가능할까? 하루에 1시간을 더 하기도 힘든데 5시간을 더 해야 한다니?

우리의 하루는 24시간밖에 없어. 그렇다고 잠을 줄이면 공부 효율은 오히려 떨어지겠지. 따라서 정해진 시간 안에 잠을 줄이지 않고 효율적으로 공부 시간을 확보하려면 하루 중 남는 시간, 즉 '자투리 시간'밖에는 답이 없는 거야.

자, 그 친구는 나보다 단지 매일 1시간씩 더 공부해 왔을 뿐인데, 그 차이는 벌써 이렇게나 따라잡기 힘들 만큼 벌어졌지? 이게 바로 남들보다 '조금' 더 하는 공부의 무서움이야. 하지만 좌절할 필요는 없어. 이것을 바꾸어 말하면 남들이 노는 시간에 내가 1시간 더 공부하면 아무도 쉽게 나를 따라오지 못한다는 말이기도 하니까.

'그깟 자투리 시간에 공부해 봐야 얼마나 공부하겠어?'라는 의문이 들 수도 있어. 하지만 완벽한 환경이 갖춰지지 않으면 공부를 못 한다거나, 집중력이 다소 부족한 스타일이라면 더더욱 자투리 시간을 활용한 공부를 추천해. 자투리 시간에 공부하게 되면 오히려 집중력이 높아지니까.

자투리 시간을 확보하려면 일단 수첩이나 단어장은 필수야. 언제 어디서 자투리 시간이 생길지 모르거든. '공부를 잘하려면 손에서 책을 놓지 말라'는 말을 들어 본 적 있지? 이건 책상에 계속 앉아 있으라는 말이 아니야. 바로 자투리 시간을 잘 활용하라는 뜻이지.

언제 어디서도 공부할 수 있도록 항상 공부할 것을 손에 들고 다니자. 조금이라도 시간이 나면 수첩을 펼쳐 보는 거야. 간혹 수첩을 들고 다니기가 창피하다는 친구들도 있는데, 그럴 필요 없어. 꿈이 있어서 공부하는 사람에게 남의 이목이 뭐가 중요해? 앞만 보고 달려가는 게 더 중요하지.

내가 한 학기 만에 꼴찌에서 1등이 될 수 있었던 비결 중 하나도 바로 자투리 시간이었어. 나는 앞서 얘기했던 그 다섯 시간을 다 채웠어. 아니, 그 이상을 공부했지. 어떻게 했는지 알려 줄게.

물론 지금부터 말하는 건 내 경험일 뿐 반드시 이대로 하라는 것은 아니야. 이대로 하면 성적은 당연히 오르겠지만, 정신적으로 과부하가 걸리거나 육체적으로 무리가 올 수도 있거든. 그러니 '아하! 저런 시간도 자투리 시간이 될 수 있겠구나.' 정도로만 생각하면 돼.

자투리 시간 활용법

1) 새벽에 울리는 알람을 왼손으로 끄는 것과 동시에 오른손으로 오디오를 켠다. 온 집 안에 울려 퍼지는 영어듣기를 들으면서 아침을 먹고, 머리를 감고, 교복을 입는다. (+30분)

2) 집을 나서는 동시에 주머니에서 영어 단어장을 꺼낸다. 버스정류장까지 가는 동안 단어를 외운다. (+30분)

3) 버스에 앉자마자 클립보드를 무릎 위에 올린다. 수학 문제를 풀어야 하기 때문이다. (+60분)

4) 친구들이 하나둘씩 어수선하게 교실에 도착하는 시간. 그러나 나는 이미 자리에 앉아 공부하고 있다. (+60분)

5) 아침 조회 시간에 담임 선생님이 웃긴 농담을 해도 나는 알아채지 못한다. 1교시 예습에 빠져 있기 때문이다. (+10분)

6) 강당에 갈 때도 단어장을 가지고 나간다. (+20분)

7) 쉬는 시간마다 이전 수업의 복습과 다음 수업의 예습을 한다. (10×6 = +60분)

8) 수업 시간마다 선생님이 농담하는 시간은 대략 10분이다. 당연히 그 시간에도 공부한다. (10×6 = +60분)

9) 점심시간에도 공부하고 싶지만, 같이 먹는 친구들에게 민폐를 끼칠 것 같아 관둔다. 대신 점심시간 바로 직전인 4교시가 끝나기 전, 어려운 수학 문제나 공식 등을 외운다. 밥을

을 되새긴다. 간단한 두 자릿수 곱셈도 한참 걸릴 정도로 이건 정말 쉬운 일이 아니다. 하지만 '나는 밥을 먹는 순간조차 공부할 만큼' 간절한 마음으로 점심, 저녁 하루에 두 번씩 실천했다. (50×2 = +100분)

10) 체육 시간에도 공부할 수 있다. 축구공을 차면서 바로 전 영어 시간에 배웠던 단어들의 뜻과 스펠링을 기억해 본다. 축구는 나에게 공이 올 확률이 1/11밖에 안 된다. 따라서 몸은 운동장에 가만히 서 있어도 머리로는 공부할 수가 있다. (+50분)

이렇게 공부한 시간을 합하면 전부 얼마나 될까? 저녁 자율 학습은 아직 시작도 안 했는데, 나의 공부 시간은 이미 남들보다 무려 '8시간'이나 많아졌어. 내가 비둘기 머리가 아닌 이상 성적이 오르지 않는 게 이상하지 않아? 솔직히 말해서 이렇게 공부하면 학원이나 과외도 필요 없어. 자투리 시간만 활용해도 남들보다 8시간이나 앞서는데, 이 정도라면 그 누구도 쉽게 따라올 수 없는 게 당연하겠지?

이와 관련된 재미있는 에피소드가 있어. 어느 날, 야간 자습 시

남들보다 인생을 2배로 사는 비법

간을 도저히 버틸 수가 없었던 나는 '에라, 모르겠다.' 하는 심정으로 몰래 도망갔지. 그렇게 상습적으로 도망치다 한번은 저녁 9시쯤 집에 가려고 주섬주섬 가방을 싸는데 감독 선생님에게 딱 걸린 거야.

"너 이 녀석, 지금 뭐 해? 집에 가려고? 이름 뭐야!"

내 옆에 있던 친구가 말했어.

"얘 우리 반 1등인데요."

"그럼 모범을 더 보여야지. 1등이 제일 먼저 도망가?"

그러자 어떤 친구가 선생님에게 이렇게 외쳤어.

"선생님. 쟤 좀 제발 집에 가라고 해주세요. 쟤 때문에 교실 분위기가 너무 답답합니다."

여기저기서 "맞아요" "좀 가라 그래요"라는 소리가 터져 나왔고, 선생님은 '이게 뭐지?' 하는 표정으로 나를 쳐다보셨지. 주변 친구들은 선생님에게 온종일 꼼짝 안 하고 공부만 하는 나 때문에 스트레스받고 숨 막혀 죽겠다며 투덜댔어.

친구들의 불평불만(?) 덕분에 그날 이후 내게 변화가 생겼어. 바로 '내가 원할 때' 집에 갈 수 있게 된 거야. 물론 공식적으로 허락받은 건 아니었지. 그러나 감독 선생님들은 나를 보고도 못 본 척하셨고, 심지어 내가 집에 갈 때쯤이면 잠시 자리를 피해 주셨어. 돌이켜 생각해 보니, 아마도 선생님들이 암묵적으로 나를 배려해

주셨던 것 같아. 덕분에 나는 밤 9시에 눈치 보지 않고 집에 갈 수 있었지.

어쨌든 나는 집에 도착하면 교복도 벗지 못하고 쓰러져서 시체처럼 잠들었어. '일찍' 그리고 '푹' 잤던 셈이지. 덕분에 다음 날도 그렇게 자투리 시간까지 열정적으로 공부할 수 있었어.

미친 듯이 공부하니까 성적도 미친 듯이 오르더라. 너무 빠르게 올라서 무서울 정도였지. 지금도 나는 누군가 "저도 쌤처럼 그렇게 성적을 빨리 올리고 싶은데 어떻게 해야 할까요?" 하고 물으면 이렇게 되묻곤 해.

"네 하루는 남보다 몇 시간 앞서고 있니?"

남들보다 인생을 2배로 사는 비법

Q18

얼마나
쉬어야 할까요?

우리의 몸은 기계가 아니라서, 공부 효율을 높이려면 적당히 휴식을 취해야 해. 그런데 간혹 휴식이 아닌 것을 휴식이라고 착각하거나, 나에게 맞지 않는 휴식법을 무작정 따라 하다 낭패를 보는 때도 있어.

반면 효율적으로 휴식하는 법을 알면 공부의 집중도가 높아지고 성적도 자연스럽게 오르겠지. 휴식의 원칙에는 어떤 것들이 있을까? 휴식을 제대로 취하기 위한 세 가지 원칙을 말해 줄게.

1. 앉아 있는 습관부터 들이자

평소 공부를 많이 하지 않는 학생은 자리에 앉아 조금만 책을 들여다봐도 아마 미칠 것 같은 기분이 들 거야. 하지만 공부에 익숙한 학생은 두세 시간 정도는 휴식 없이 공부할 수 있지.

휴식 시간은 사람마다 다르고 개인의 공부 능력에 따라 달라. 그래서 가장 좋은 휴식 시간과 공부 시간의 비율을 일률적으로 정할 수는 없어.

자주 쉬면 앉아 있는 습관이 붙지 않고 집중력이 길러지지 않아. 그렇다고 쉬지 않고 계속 공부만 했다가는 어느 정도 시간이 지나면 집중력이 흐려지고 진도도 안 나가지. 따라서 그 중간쯤에 해당하는 지점을 찾는 게 필요해. 몇 번의 시도를 통해 자신에게 맞는 공부 시간과 휴식 시간의 비율을 찾아야겠지. 그리고 중요한 것은 그 지점을 조금씩 뒤로 미루는 연습을 해야 한다는 거야.

나도 처음에는 30분도 안 돼서 쉬어야 했어. 그러나 쉬고 싶다고 해서 무조건 쉬었던 것은 아니야. '5분만 더!' '10분만 더!' 하며 휴식을 뒤로 미루는 연습을 했지. 그러다 보니 나중에는 몇 시간 동안 계속 집중하는 것이 가능해졌어. 일단 그렇게 습관을 들이고 나니 나중엔 쉬는 것이 오히려 귀찮게 느껴질 정도였지.

결국 '버티는 훈련'이 필요한 거야. '집중이 잘 안되는데? 좀 쉬어 볼까?'라는 생각이 들더라도 조금만 더 버텨 봐. 그러면 의외로

남들보다 인생을 2배로 사는 비법

다시 집중되기도 해. 애초에 우리의 몸이 휴식을 필요로 했던 게 아니라 그저 공부가 하기 싫었을 뿐인 거지.

2. 공부 시간과 휴식 시간의 비율에 너무 집착하지 말자

생각해 봐. 우리가 재미있는 게임을 할 때 '1시간 게임 할 때마다 10분씩 쉬자'라고 계획했던 적이 있니? 애니메이션이나 영화, 드라마, 동영상을 보면서 '한 편 볼 때마다 10분씩 쉬어야겠다'라고 생각했던 적은? 아마 없을 거야. 그런데 왜 우리는 공부를 하면서는 얼마나 쉬어야 할지 고민하지? 혹시, 공부가 지겨우니 휴식과 같은 그럴듯한 이유로 지금의 공부를 피하려는 꼼수는 아닐까?

게임할 때를 생각해 봐. 애초에 휴식 계획 따윈 없었어. 재밌으니까 계속했던 거고, 힘들 땐 잠시 누워서 휴식을 취해. 그러다가 갑자기 뭔가 생각나면서 다시 게임을 시작하고, 그런 식이었지? 정신 차려 보니 어느새 내 캐릭터 레벨이 엄청나게 높아져 있고 말이야.

공부도 완전히 똑같아. 재미를 느끼게 되면 시간과 관계없이 계속하는 것이고, 너무 힘들면 그때 쉬면 되는 거야. 그러다 피로가 풀렸다 싶으면 다시 책을 손에 잡는 거고.

그러니 휴식 시간을 언제 얼마나 잡아야 할지, 공부 시간과 휴식 시간의 황금비율은 얼마인지를 너무 고민할 필요는 없어. 거기에 정답이 있다고 생각하지도 않아. 우리는 그저 해야 할 공부를 열심히 하다가 도저히 못 하겠다 싶을 때 휴식을 취하면 되는 거야.

3. 스마트폰, 컴퓨터, TV는 휴식이 아니다

휴식을 취할 때 스마트폰을 만지거나 컴퓨터 게임을 하거나 TV를 보는 경우가 많아. 어차피 쉬는 시간인데 뭘 하든 무슨 상관이냐 이거지.

결론부터 말할게. 그건 휴식이 아니야. 그건 공부만큼이나 에너지가 많이 소요되는, 우리 몸의 입장에서는 공부와 다를 바 없는 '두뇌 노동'이야.

왜 그럴까? 재미있는데 휴식이 아니라니? 그 이유는 '정향반응' 때문이야. 정향반응이란 내 주위에서 뭔가 급격하고 중요한 변화가 일어났을 때 우리의 몸이 '큰일 났다!'라고 느끼면서 온 신경을 그쪽으로 집중하는 반응을 말해. 이 정향반응 덕분에 우리는 생사의 갈림길에서 살아남기도 하지. 상상해 봐. "빵빵" 하는 경적에 깜짝 놀라 뒤돌아보니 자동차가 엄청난 속도로 달려오고 있어! 이때 재빨리 옆으로 피한 경우를 생각하면 이해가 쉬울 거야.

남들보다 인생을 2배로 사는 비법

문제는 이 정향반응이 생존을 위한 비상 수단이라서 이 능력을 발휘하는 데는 정말 많은 에너지가 소모된다는 사실이야. 우리가 간발의 차이로 자동차를 피하고 나면, 왠지 기운이 쪽 빠지고 어지럽다고 느끼는 것도 바로 이 때문이지.

그런데 이런 정향반응을 몇 초에 한 번씩 계속해서 발생시키는 신기한 기계가 있어. 바로 우리가 보는 TV야. 별 내용도 없는 광고 화면에서 눈을 쉽사리 떼지 못하는 이유가 뭘까? 광고가 재미있어서?

아니야. 금방금방 바뀌는 TV 화면이 우리 몸으로 하여금 '뭐야, 뭐야, 큰일 난 거야?'라고 느끼는 정향반응을 유도하기 때문이야. 그래서 TV를 보고 나면 이제는 공부하고 싶어지는 것이 아니라 오히려 피곤해져서 잠을 자고 싶어지는 거지.

컴퓨터나 스마트폰도 마찬가지야. 우리가 이 기계를 좀처럼 손에서 놓지 못하는 이유는 모니터 화면 속에서 뭔가 조금씩 계속해서 바뀌는 작은 변화들이 우리로 하여금 눈을 떼지 못하게 만들기 때문이야. 정향반응을 일으키는 거지.

이런 원리를 간파한 기업들은 인터넷 배너광고를 '움직이는 이미지'로 만들어. 화면을 쳐다보고 있는데 한쪽 구석에서 뭐가 움직이면서 이미지가 떠오르는 경우가 있지? 뭐지 싶어서 쳐다봤더니 그냥 광고 이미지야. '쳇, 속았잖아. 친구한테 톡이라도 온 줄 알았네'라는 생각이 들면서 김빠지는 느낌이 들겠지? 그게 바로 정향반응 이후에 찾아오는 육체적인 피로감이고 이것이 계속 쌓이면서 공부할 에너지를 갉아먹는 거야. 휴식하겠다며 스마트폰 게임을 하거나 영상을 시청하거나 인터넷 댓글을 읽었는데, 오히려 그 시간 이후에 맥이 풀려 버리고 공부가 잘되지 않는 이유가 바로 이 때문이지.

스마트폰이나 컴퓨터, TV는 휴식과는 상관이 없고 되레 공부해야 할 체력과 집중력을 갉아먹는 것들이야. 정향반응을 일으키고 몸을 피곤하게 만들며 공부하기 싫어지게 만드는 장본인인 셈이지. 나 역시 이런 것에 손을 대고 나면 공부할 때 생생한 잡념이 떠올라서 하루가 힘들어진 경우가 많았어. 그래서 이런 것으로 휴식 시간을 보내면 안 된다는 거야.

휴식은 노는 것과 달라. 휴식이란 공부와 공부 사이에 5~15분 정도의 시간을 두고 쉬는 걸 말해. 영어로는 '브레이크 타임(break time)'이지. 반면에 앞에서 나열한 것들은 브레이크 타임이 아니라 레저(leisure)라고 불리는 것들이야. 휴식이 아니라 일종의 여가 생활이고 그냥 노는 거지.

오해하지 마. 나는 지금 '절대 놀지 마!'라고 말한 게 아니야. '스마트폰을 해지하고 TV도 보지 마!'라고 하지 않았어. 단지, 이런 것은 '노는 것'이고 휴식이 아니므로 공부 중에는 건들지 말자는

남들보다 인생을 2배로 사는 비법

거야. 그건 하루 공부가 다 끝난 뒤나, 주중 공부가 다 끝난 뒤에 누리자는 말이야.

4. 효과적인 휴식 방법들

그렇다면 휴식 시간에는 뭘 해야 할까? 나는 읽고 싶던 책을 주로 읽었어. 이렇게 말하면 "휴식 시간에도 책을 보다니, 그럼 머리가 쉬지 못하잖아요?"라고 되물을 수도 있겠지. 하지만 앞서 말했듯이 우리의 뇌는 무엇을 하느냐에 따라 사용되는 영역이 달라서 상관이 없어. 예컨대 수학 문제를 풀고 나서 소설을 읽으면, 그동안 수학 문제를 풀던 뇌의 영역이 휴식을 취해. 게다가 책을 읽으며 지식을 얻거나 독해력을 키우거나 재미를 느낄 수 있으니 그야말로 일석삼조지.

운동도 좋은 휴식이야. "운동은 힘들잖아요. 그게 왜 휴식인가요?"라고 되묻는 경우가 있는데, 아무것도 안 하고 가만히 누워 있는 것만 휴식이 아냐. 지친 뇌를 쉬게 해 주면 그게 휴식인 거지.

운동할 때는 머리를 비울 수 있고, 흘러내리는 땀과 함께 온종일 나를 괴롭히던 안 좋은 생각이 날아가는 게 느껴지더라고. 게다가 운동을 꾸준히 하면 혈액순환이 좋아지는데 이것은 뇌로 가는 혈류량을 증가시켜서 판단력과 사고력, 결단력을 좋아지게 만들어. 쉽게 말해서 운동을 하면 머리가 좋아진다는 거야. 그렇다면 최고의 휴식 아니니?

그 밖에 ① 눈감고 가만히 있기, ② 아무 생각 없이 창밖을 바라보기, ③ 친구와 가벼운 수다 떨기, ④ 학교 복도나 도서관 주위 걷기, ⑤ 음악 듣기, ⑥ 스트레칭, 이 정도의 활동들은 모두 추천할 만한 휴식이야.

Q19

오늘 못 끝낸 공부는
어떻게 해야 하죠?

'오전 - 수학, 오후 - 영어' 이렇게 계획을 세웠는데, 막상 해 보니 오전의 수학 공부가 조금 남았다면 어떻게 해야 할까? 오후에 나머지 수학 공부를 해야 할까? 아니면 오후에는 그냥 예정된 영어 공부를 해야 할까?

이런 경우 90퍼센트 이상의 학생은 수학 공부를 계속해. 영어 공부도 중요하지만, 수학에서 미처 다 끝내지 못한 부분이 아쉽기도 하고 '혹시 거기서 시험 문제가 나오면 어쩌지?'라는 불안 때문에 그대로 책을 덮을 수가 없는 거지.

물론 처음부터 내가 지킬 수 있는 만큼만 목표로 세웠다면 이런 일이 발생할 가능성은 줄어들 거야. 하지만 그렇게 계획을 짰는데도 이런 일이 벌어졌을 땐 어떻게 해야 할까?

이런 일은 일일계획뿐 아니라 주간계획에서도 발생할 수 있어. 만약 일주일에 교재 800페이지 읽기를 목표로 잡았다 치자. 그런데 수요일, 토요일 등의 완충 장치를 모두 사용했음에도 불구하고, 일요일이 되도록 700페이지밖에 못 읽었다면? 나머지 100페이지는 언제 해야 할까? 지금 말하는 정답을 꼭 기억하렴. 못 끝낸 100페이지는 그냥 '포기'해야 해. 이유는 다음과 같아.

첫째, 계획을 못 지켰다며 그것을 다음 주로 미루게 되면 우리 마음이 나태해지기 때문이야. 계획에서 감정이 중요하다고 말한 것 기억하지? 계획을 못 지켜도 어차피 나중에 하면 그만이라는 신호를 나 자신에게 보내면 어떤 기분이 들까? 우리의 뇌는 '오호, 그렇단 말이지? 내가 덜 끝내도 두 번째 기회가 있다 이거지? 그럼 굳이 당장 집중해서 할 필요가 없는 거잖아?'라고 느끼게 돼. 평소 공부의 집중력이 떨어져 버리는 거야. 이건 큰 마이너스 요소야.

둘째, 포기한다는 것이 계획을 지키지 못한 자신에게 주는 일종의 벌칙이 되거든. 공부를 빠르게 끝고 가려면 스스로 보상과 제재를 설정해야 해. 당근과 채찍을 스스로 만들어서 계획을 달성하면 보상을 주고, 계획을 못 지키면 제재를 해야 목표 달성이 쉬워지지. 이때 당근과 채찍 둘 중에 하나만 있으면 안 돼.

남들보다 인생을 2배로 사는 비법

예를 들어 계획을 다 지키면 그 보상으로 저녁에 웹툰을 보겠다는 계획은 (당근을 준다는 점에서) 나름 괜찮은 전략이야. 하지만 이렇게 보상만 있으면 공부하기가 싫어질 때 '에이, 그깟 웹툰 안 보고 말지. 웹툰도 안 보고 공부도 안 할 테다!'라는 생각에 빠져 버려. 그러니 계획을 지키지 못했을 때의 벌칙도 준비해야지. 내 경험상 자신에게 내릴 수 있는 가장 강력한 벌칙이 뭐였냐면, 그건 '그냥 포기하는 것'이었어.

'공부하기 싫어? 그럼 이 부분은 앞으로 볼 기회가 없어. 영원히 끝이야. 그래도 안 할 거야?' 이런 메시지를 나 자신에게 주는 거야. 좀 살벌하지? 그런데 우리 머릿속에 있는 나태한 어린아이에게는 가끔 이런 강력한 신호를 보내야 할 필요가 있어. 그래야 눈빛이 살아나거든.

셋째, 계획 전체가 도미노처럼 무너지는 것을 방지하기 위해서야. 공부 계획이란 마치 도미노와 같아서 하나가 쓰러지면 모든 게 쓰러지지.

게다가 계획은 감정을 위해서 짜는 것이라는 원칙이 여기서도 적용돼. 똑같은 공부라도 오늘 해야 할 분량을 다 마친 뒤 내일 분량을 미리 당겨서 하는 것과 (그럼 내일은 놀 수 있음) 계획이 밀려서 어제 끝냈어야 할 분량을 오늘 하는 것은 감정의 상태가 완전히 달라. 후자의 공부는 하기도 싫고 집중도 안되거든.

따라서 계획이 밀리는 것은 목숨을 걸고 막아야 할 일이야. 그러려면 중간에서 위태하게 흔들리는 도미노를 빠르게 걷어 내야지.

내가 예전에 수학에서 확률과 통계 부분을 공부했을 때 일이야. 이틀 뒤에 있을 시험을 앞두고, 나는 통계 과목의 일부분을 미처 끝내지 못했어. 일정을 보니 그날은 시험 전에 해당 부분을 공부할 수 있는 마지막 기회였지. 밤이 되고 자습이 끝날 때가 되었지만 난 결국 계획을 지켜내지 못했어. 남은 분량은 불과 두세 장이었지. 1시간만 더 주어진다면 충분히 끝낼 수 있는 분량이었고 그날만 1시간 늦게 자면 되는 거였어.

하지만 나는 그러지 않았어. 왜냐고? 잠을 줄이면 다음 날 집중도가 떨어진다는 이유도 있었지만, 더 중요한 이유는 밀린 공부를 포기하지 않으면 끝도 없이 밀린다는 걸 알고 있었기 때문이야. 물론 억울한 마음도 들었지. 인정하기도 싫었고. 계획을 지켜내지 못해 이런 상황까지 오게 한 자신에게 화도 났어. 그렇지만 원칙대로 포기하고 잠들었어.

다음 날, 나는 어제 느낀 '분노'의 감정을 그대로 끌어와서 오늘 해야 할 공부에 완전히 집중했어. 덕분에 그날 계획된 공부를 모두 끝내고도 무려 3~4시간의 여유가 생겼지. 그러고 나서야 나는 비로소 어제 못 한 그 부분을 펼쳤고, 밀렸던 부분을 마칠 수 있었어. 내가 그때 느꼈던 성취감과 뿌듯함은 시간이 많이 흐른 지금까지도 생생하게 남아 있어. 물론 스트레스를 좀 받긴 했지만 그런 상황 속에서도 결국 나 자신과의 약속을 지켜냈으니까 말이야.

예전에 내가 가르쳤던 아이가 있어. 그 아이를 처음 보았을 때, 눈빛에서 이미 '난 망했어요.' 하는 패배 의식과 나태함이 느껴졌지. 수업을 진행하면 아이는 "이걸 꼭 해야 해요?" "오늘은 수학하기 싫은데 그냥 딴거 하면 안 돼요?" 하며 투덜거리곤 했어. 이대로는 안 되겠다 싶었던 나는 아이를 데리고 도서관에 가서 모의고사를 치르게 했어. 그러곤 1교시 수능 국어를 시작하기 전에 미리 일러 주었지.

"실전과 똑같이 칠 거야. 시험 시간은 답안지 표시를 포함해 80분이고, 그 시간이 지났는데도 제출하지 않으면 답안지를 걷지 않고 점수를 매기지도 않을 거야. 그럼 0점이야."

아이는 '뭐, 어쩌라고. 그러시든가!'라는 표정을 지으며 문제를 풀기 시작했어. 시간이 흘러 70분이 되자, 나는 실전 수능처럼 "종료 10분 전입니다"라고 말해 줬지. 여유 있게 문제를 풀던 아이가 갑자기 다급해졌어. 이후 예정된 80분이 모두 지났을 때, 나는 단호하게 말했어.

"다 끝났어. 이제 OMR 답안지 제출해."

"아, 쌤! 덜 풀었어요! 10분만 더 풀게요."

"그딴 거 없어. 내놔."

"진짜. 쌤! 어차피 실전도 아니잖아요!"

나는 정확히 10초를 센 뒤에 OMR 답안지를 뺏었어. 그러고는 아이가 보는 앞에서 그 답안지를 찢어 버렸지. 놀란 얼굴로 나를 쳐다보는 아이에게 말했어.

"애초에 나는, 시간이 오버되면 채점도 안 하고 0점이라고 분명히 말했어. 사실 오늘 모의고사를 친 이유는 네 실력이 궁금해서가 아니야. 해이해진 네 마음 자세를 고치기 위해서지. 공부는 그렇게 하는 게 아니야. 해도 그만, 안 해도 그만이라는 그 안일한 마음부터 당장 버려. 그러지 않으면 네 성적은 절대 오르지 않아."

아이는 아무 말도 못 하고 생각에 잠긴 듯했어. 당시 그 아이가 어떤 생각을 했는지는 나도 잘 몰라. 다만 내 이야기를 듣고 난 뒤부터 아이의 눈빛은 확실히 바뀌었지. 예전처럼 귀찮다는 듯 장난스럽게 대꾸하는 일도 없어졌어.

진지하게 공부에 임했고, 한 달 뒤부터는 스스로 스톱워치를 활용해 실전처럼 모의고사를 치기도 했어. 나는 내 말의 뜻을 알아차린 아이를 보며, 이 아이는 곧 성적이 오를 거라 확신했지.

아니나 다를까, 몇 개월 뒤 치른 실전 수능에서 아이는 평소보다 무려 2~3등급이나 오른 성적을 받았어. 당연히 목표했던 대학

남들보다 인생을 2배로 사는 비법

보다 훨씬 더 좋은 대학교에 합격할 수 있었지.

　꼭 기억하렴. 공부를 더 하는 게 중요한 게 아니야. 비록 공부를 덜 했더라도, 계획된 시간을 지키는 게 더 중요해. 오전에는 수학, 오후에는 영어를 공부하기로 계획했는데, 점심시간이 끝나도록 수학을 끝내지 못했다고? 그럴 때는 수학을 과감히 덮고 영어로 넘어가야지. 내가 미처 끝내지 못한 부분에서 시험 문제가 출제되면 어떡하냐고? 어쩔 수 없어. 그때는 그럼 틀리는 거야. 그게 싫다면 오전에 수학을 끝냈어야지. 힘들어서 못 끝낸 건데 너무 가혹하지 않냐고? 그렇다면 애초에 자신의 능력에 맞게 계획을 세웠어야 하는 거야.

　좀 살벌하지? 맞아. 하지만 그래야 약속과 벌칙에 의미가 있는 거야. 계획과 시간 관리는 '되면 좋고 안 돼도 그만'인 가벼운 바람이 아니야. 그건 나 자신과의 약속이지. 우리는 지킬 수 있는 것만 약속해야 하고, 일단 약속한 것은 반드시 지켜야 하며, 만약 지키지 못했다면 불이익도 감수해야 해. 네가 그런 자세를 몸에 익힌다면 단언컨대 너는 반드시 성공할 수 있어.

시험이 닥쳐야만
공부하게 돼요

혹시 『대지』라는 소설을 읽어 본 적 있니? 펄 벅이라는 작가가 쓴 이 소설은 1931년에 출판되어 1935년에 퓰리처상을 받았어. 몇 년 뒤, 1938년에는 노벨문학상도 받았지. 아직 보지 않았다면 꼭 한번 읽어 보길 바라.

뜬금없지만 내가 『대지』 이야기를 꺼낸 이유는, 이 소설에서 내가 인상 깊게 보았던 장면을 소개해 주고 싶어서야. 바로 주인공 '왕룽'이 자신의 신부를 집으로 데려오는 장면이지.

왕룽은 이제 막 근대화가 시작된 중국에 사는 가난한 소작농이야. 나이가 찬 왕룽은 결혼을 하기 위해 자신이 사는 마을 지주의 집에서 여종으로 지내던 '아란'을 돈을 주고 데려왔어. 지주 집에서 아란을 데리고 나와 자신의 집으로 돌아가는 길이었지.

왕룽이 앞장섰고 가난한 농부의 아내가 된 아란은 조용히 왕룽의 뒤를 따라 걷고 있었어. 왕룽은 길가의 한 노점상에 들러 복숭아를 여러 개 산 다음 아란과 나누어 먹었어. 재미있는 건 그다음 장면이야.

앞서 걸어가는 왕룽은 신나게 복숭아를 먹고는 그 씨를 길가에 툭툭 뱉었어. 그러자 뒤따라 걷던 아란이 깜짝 놀라 황급히 뛰어갔어. 왕룽이 뱉은 그 복숭아씨를 도로 줍기 위해서였지.

'왜 남편은 복숭아씨를 함부로 버릴까? 이 씨앗을 땅에 심으면 복숭아가 열릴 텐데……'

이것이 아란의 생각이었어. 복숭아씨를 뱉으면서 앞서 걸어가는 남편 왕룽과 그 뒤를 따라가며 허리를 굽혀 복숭아씨를 줍는 아내 아란. 나는 이 장면이야말로 『대지』라는 소설의 줄거리를 압축해서 보여 주는 명장면이라고 생각해. 아란은 지혜로운 여자였고, 가치 없어 보이는 복숭아씨를 보면서 탐스러운 복숭아나무를 꿈꾸던 여자였지. 소설의 뒷부분에 나오지만 이 성실하고 지혜로운 아란 덕분에 이들은 훗날 큰 부자가 돼.

하찮은 복숭아씨마저도 아까워하는 태도가 아란에게 부를 가져

다준 것처럼, 빠르게 성적을 올리는 방법도 마찬가지야. 성공적인 시간 관리는 무의미하게 버려지는 시간을 얼마나 아까워하는지에 달렸다고 봐도 무방하지. 그렇다면 남들이 모두 버리는 복숭아씨 같은 시간이 언제일까?

바로 '시험이 끝난 직후'야. 시험 준비는 시험 일정이 발표된 다음부터 시작하는 것이 아니야. 중간고사가 끝나는 순간부터 이미 기말고사를 위한 카운트다운이 시작된 거지. 만약 성적을 올리고 싶다면 모두가 흘려버리는 바로 그 시간을 절대 놓쳐서는 안 돼.

하지만 대부분 학생이 '아, 시험도 끝났는데 이제 좀 쉬어야겠다'라고 생각하며 긴장의 끈을 놔 버리지. 이렇게 공부한다면 성적은 그저 평범한 수준에 머물고 말 거야.

"쌤, 어떻게 사람이 쉴 새 없이 공부만 해요……." 하고 한숨 쉬는 친구들도 있겠지? 그럴 필요 없어. 내 말은 시험이 끝나도 쉬지 말고 공부하라는 것도 아니고, 온종일 공부만 하라는 뜻도 아니야. 단 1시간! 단 1시간만 공부해도 좋아. 중요한 건 공부의 끈을 놓지 않는 거야. 중간고사 시험이 끝난 뒤에 곧바로 놀러 가는 사람보다 독서실로 향하는 사람의 성적이 오를 수밖에 없는 세 가지 이유가 있어.

첫째, 남들보다 시험 준비 시간이 많아져. 시간은 얼마만큼의 가치가 있을까? 만약 5분 뒤에 시험을 치러야 하는데, 아직도 암

남들보다 인생을 2배로 사는 비법

기할 것이 한참 남았다면? 아마 돈을 주고서라도 시간을 사고 싶을 거야. 그렇게 아까운 시간을 지금 흥청망청 쓸 수 있다고 생각해 봐. 부자가 되려면 시간 부자가 되어야 한다는 말이 있듯이, 공부를 잘하려면 시간을 귀하게 여길 줄 알아야 해.

둘째, 공부하던 관성이 계속 유지되기 때문에 공부 효율이 높아져. 간혹 중간고사가 끝났다며 마치 내일 세상이 망할 것처럼 놀아 대는 친구들도 있어. 하지만 그렇게 며칠 놀다가 다시 공부하려면 오히려 더 힘들어져. 며칠 동안 손에서 공부를 놔 버렸기에 처음부터 다시 시작해야 하지. 이런 패턴은 결국 비효율적인 공부로 이어지고 성적은 늘 제자리를 맴돌게 될 거야.

셋째, 무엇보다 자신감이 생겨. 남들이 다 놀 때 나는 이렇게까지 다음 시험을 준비하고 있다는 사실은 뿌듯함을 안겨 주지. 이렇게 얻은 자신감은 앞으로 공부를 하는 데 큰 도움이 돼. 웬만한 어려움이나 좌절에 굴하지 않고, 끈기 있게 이 지겨운 공부를 계속해 나갈 힘을 줄 거야.

다시 한번 강조하지만 내 말은 '시험이 끝났어도 놀지 말고 1년 365일 공부만 해라!'라는 뜻이 절대 아니야. 지치고 힘들어서 도서관을 가끔 탈출하고 싶다면 그렇게 해도 좋아. 어디론가 놀러 가고 싶다면 참지 말고 적당한 날을 잡아 실컷 놀아 버려.

우리의 뇌는 스프링처럼 탄성이 있어. 그런데 공부만 하면서 계속 잡아당긴다면? 스프링이 망가지듯이 탄성을 잃어버리게 돼. 탄성을 잃어버린 뇌로 계속 공부하면 눈으로는 책을 읽고 있지만 정작 머릿속에는 하나도 남지 않게 될 거야. 뇌의 탄성을 유지하기 위해서라도 규칙적으로 쉬어 주는 게 꼭 필요한 이유야. 다만, 그때가 시험이 끝난 직후는 아니야.

시험이 끝난 직후는 공부에 대한 감각이 최고조로 날카롭게 다듬어져 있는 상태거든. 내가 시험 준비를 하면서 무엇이 부족했는지, 시험을 쳐 보니 어떻게 해야 다음 시험에서 성적을 올릴 수 있을지 어느 정도 감이 온 상태랄까? 따라서 이때 바로 공부를 시작하면 앞으로의 공부 방향이 뚜렷이 보이게 될 거야.

혹시 이런 말 들어 봤니? '천재(혹은 우등생)는 단지 남들보다 5분 더 노력할 뿐이다.' 이 말의 진정한 의미는 단지 남들보다 조금만 더 공부하면 된다는 게 아니야. 특출한 성과를 이뤄 내는 사람들은 남들이 "앗싸, 이제 끝났다!"라며 마냥 좋아할 때 "이번 시험에서 부족한 게 뭐였을까? 다음에 더욱 완벽해지려면 무엇이 더 필요하지?" 하는 자세를 가진다는 거지.

나는 시험이 끝났을 때뿐만 아니라 평소 자습을 할 때도 이런 마음가짐과 자세를 잃지 않기 위해 노력했어. 야간 자율 학습이 끝나고 집에 갈 시간을 알리는 종소리가 울리면, 반 친구들이 "와,

이제 집에 가자!" 하고 좋아했지만 난 그러지 않았어. 간혹 내가 공부하기로 한 분량을 다 마치지 못했는데 종이 울리는 날에는 오히려 억울한 기분까지 들었어. 나는 아직 다 안 끝났는데, 하루 공부를 마칠 준비가 안 되었는데 오늘 자습 시간이 이렇게 끝나 버리고, 더는 나에게 기회가 없다는 사실에 화가 났던 거야. 지금 와서 생각해 보면 '뭐 저렇게까지 할 필요 있었나?' 싶기도 하지만, 당시에 나는 그만큼 간절했고 절박했어. 그런 억울함과 분노는 원동력이 되어 집에 돌아가는 버스 안에서도 단어장을 펼치게 했지.

내가 좋아하는 말 중에 '공부는 자세'라는 말이 있어. 나는 이 말의 진정한 의미가 '절박함을 가지고 있기에 남들이 끝났다고 외치는 순간 5분 더 공부하자고 마음먹는 것'이라고 생각해. 그렇게 간절한 마음으로 공부를 대한다면 결과는 달라질 수밖에 없어.

자신이 처한 상황이 그다지 절박하지 않다거나 간절한 마음이 잘 들지 않는다는 친구들도 있을 거야. 물론 공부에 간절하다는 건 반드시 그런 상황과 동기가 필요하다는 뜻이 아니야. 그냥 절박한 것처럼 행동하면 돼.

마치 웃기지 않아도 거울을 보면서 억지로 웃다 보면 이상하게 기분이 좋아지는 것과 같아. 시험이 끝나면 틀린 문제 한두 개 때문에 억울해하며 좀처럼 자리에서 일어나지 못하는 전교 1, 2등을 본 적 있지? 재수 없다고 여기지 말고 오히려 그 아이의 모습을 따라 해 보는 거야. 절박한 것처럼 행동하면 신기하게도 그런 마음이 진짜로 생겨 버리거든.

이제부터는 자습 시간이 끝났어도 곧바로 책을 덮지 말고, 오늘 하루를 반성하고 무엇이 부족했는지 생각해 보자. 수업이 끝나는 종이 울린다고 해서 '뭐야? 수업 끝났는데 왜 저 선생은 안 나가고 계속 수업을 해……' 하고 생각할 게 아니라 '아, 제발 이대로 끝내지 마! 난 아직 제대로 배우지 않았어. 아직도 잘 모르겠어!'라는 마음을 가져 보자.

공부는 제대로 된 마음가짐에서 시작되기 마련이야. 그런 마음으로 공부한다면 머지않아 남들이 따라올 수 없는 차이를 만들어 낼 거야.

남들보다 인생을 2배로 사는 비법

"나는 독학으로 공부했지만 모든 학생이 나와 같은 상황은 아닐 거야. 필요한 경우에 학원이나 과외를 적절하게 활용한다면 오히려 거기서 큰 도움을 얻을 수 있어. 다만 이런 사교육을 활용할 때는 자신만의 분명한 원칙을 가지는 것이 좋아. 이 원칙을 바탕으로 과연 이것들이 나에게 얼마나 효과가 있을지를 먼저 고민해 봐야 하지. 그렇다면 이제부터는 내가 지금까지 수많은 학생을 가르치면서 깨달은 몇 가지 사교육 원칙에 대해 말해 줄게."

5장 학원 관리

사교육을
잘 활용하는 노하우

과외나 학원 수업 없이
혼자 공부해도 괜찮을까요?

먼저 과외는 어떤 경우에 받아야 하는 걸까? 성적이 하위권인 학생이라면 혼자서 기본 개념을 터득하기가 무척 버거울 거야. 기초가 부족하다 보니 학원 수업이나 인터넷 강의를 들어도 이해하기가 힘들지. 이런 학생에게는 기초부터 차근차근 쉽게 설명해 주는 과외 선생님이 있다면 분명 도움이 될 거야. 물론 열심히 하겠다는 의지를 가진 학생이어야겠지?

과외 효과를 톡톡히 볼 수 있는 학생들이 또 있어. 바로 (주로 수학이나 과학에서) 늘 최상위권을 놓치지 않는, 그야말로 영재 같은 극소수의 아이들이지. 대략 1000명 중에 한 명 나온다는 이 아이들은 단순히 공부를 잘하는 것과 차원이 달라. 나는 고등학교 졸업 이후로 정말 많은 학생을 가르쳐 봤는데, 이런 아이를 딱 두 명 만나 보았어. 그중 한 명은 초등학교 6학년 남학생이었는데, 아무리 긴 문장도 한 번만 보고는 그대로 외웠어. 초등학교 4학년이었던 또 다른 남자아이는 나도 못 푸는 고난도 수학 문제를 흥얼거리면서 단숨에 풀어 버렸지. 그것도 생전 듣도 보도 못한 풀이법으로 말이야. 정말 소름 돋는 장면이었어.

어쨌든 이런 아이들은 괜히 평범한 내신 대비 학원에 다니면서 문제 풀이의 양만 늘리는 것보다 그 과목을 전공한 실력 있는 교사와 깊이 있는 공부를 하는 편이 더 좋아. 당장 학교 시험과는 별로 상관이 없을지라도 말이야.

하지만 위 두 가지 경우, 즉 스스로 기초가 정말 부족해서 혼자 공부하는 것이 맨땅에 헤딩하는 것처럼 느껴진다거나 반대로 극소수의 천재가 아니라면 과외보다는 혼자 공부하는 습관을 먼저 들이라고 말해 주고 싶어.

특히 개념 설명과 문제 풀이를 하는 일반적 과외는 되도록 하지 않았으면 해. '기본 개념을 잡고 싶다면' 혼자 교과서를 반복해서 읽거나 인터넷 강의를 듣는 편이 훨씬 나아. '문제 푸는 요령을 기르기 위해서라면' 혼자 끙끙거리면서 여러 문제를 풀어 보는 것이 실력 향상에 훨씬 더 도움이 되지. 따라서 개념 설명과 문제 풀이 위주의 과외를 할 바에는 차라리 나처럼 도서관에 틀어박혀서 스스로 계획표를 세우고 달성해 나가는 공부를 더 추천해.

그래도 불안해서 굳이 과외를 해야겠다면? 자, 그럼 과외를 효과적으로 활용하는 법을 알려 줄게. 만약 수학이라면 과외 시간마다 자신이 30분 이상 고민해도 풀 수 없었던 문제를 20개 이상씩 준비해 가자. 영어라면 아무리 사전을 뒤적여도 해석할 수 없었던 독해 지문 10개 정도를 준비해 가는 거지. 과외 시간은 이렇게 궁금했던 걸 해결하는 시간으로 활용하면 충분해.

과외 선생님이 필요한 이유는 내 공부의 막힌 부분을 뚫기 위해서야. 아무리 고민해도 모르는 것을 물어보기 위해 과외 수업을 받는 거지. 과외는 자신에게 무엇이 부족한지를 스스로 알고, 그것을 보충하기 위해 선생님에게 질문하는 수단으로 활용해야 해. 그러지 않으면 별 도움을 얻지 못할뿐더러 오히려 시간만 낭비하는 꼴이 될 수 있어.

그렇다면 학원은 어떨까? 유명한 학원에 가면 귀에 쏙쏙 들어오는 강의는 물론, 암기 내용이 잘 정리된 여러 부교재까지 제공돼. 게다가 시험 기간 때마다 주요 과목을 집중 관리해 주니 이보다 더 편할 수가 없지.

언뜻 보면 다 떠먹여 주는 것 같아 효율적으로 보이겠지만 사실

사교육을 잘 활용하는 노하우

여기에는 함정이 있어. A부터 Z까지 학원이 다 알아서 해주기 때문에 오히려 배우는 학생 입장에서는 아무 생각이 없어지기도 하거든. 잘 정리된 설명을 듣는 대신 더 중요한 '공부의 흥미'를 잃게 될 수도 있다는 뜻이야. 마치 살을 얻고 뼈를 내주는 격이지.

학원에 다니더라도 공부는 결국 스스로 하는 거야. 계획도 내가 세워야 하고, 모르는 문제도 내가 고민해야 하며, 시험 준비도 내가 해야 하지. 그 과정을 누군가에게 넘기려고 한다거나 돈으로 사려고 해서는 안 돼. 따라서 학원은 분명한 목적을 가지고 내 공부의 일부로 활용해야 해. '이번 방학 때 다음 학기 수학의 내용을 대강 훑어 보기 위해서'라는 식으로 분명한 이유가 있어야 한다는 말이야.

그러니 학원을 고민하는 고등학생이라면 첫째, 단과 위주로 다닐 것, 둘째, 자신에게 필요한 과목을 골라서 다닐 것, 셋째, 분명한 목표를 세워 놓고 그것이 달성될 동안만 다닐 것, 이 세 가지를 꼭 명심해야 해.

반면 중학생의 경우는 방학 때 학원에 다니면 생활 관리에 큰 도움이 되기도 해. 고등학생은 방학 때도 학교에 나가는 경우가 많지만 중학생은 대부분 그러지 않아. 그래서 집에서 늦잠을 자거나 온종일 게임만 하는 등 생활이 나태해지기 쉽지. 따라서 중학생은 오전 중에 시작되는 학원에 등록하면 방학 때도 일찍 일어나는 생활 습관을 유지하는 데 도움이 될 거야.

어느 학원이
좋은지 모르겠어요

앞서 우리는 학원에 다녀야 할지, 혼자 공부를 해야 할지 결정할 때 고려해야 할 사항들에 관해 얘기했어. 그렇다면 이번에는 학원에 다니기로 한 학생들이나 이미 학원에 다니고 있는 학생들을 위한 이야기를 해 볼게. 바로 '학원을 선택하는 기준'이야.

내가 생각하기에 학원을 선택할 때는 '시스템'과 '선생님', 이 두 가지 기준을 살펴봐야 해. 먼저 시스템이란 무엇일까? 어떤 학원이든 수강생들의 성적을 올리기 위한 나름의 시스템을 가지고 있어. 이것은 학원 운영의 방침 같은 거야. 시스템은 눈에 보이지는 않지만 아주 사소한 부분까지 영향을 미쳐서 학생들의 공부 성과를 좌우해. 학원의 위치부터 선생님의 수와 연령대, 심지어 화장실이나 정수기의 위치에 이르기까지 수많은 요인이 학생에게 영향을 끼치지.

그렇다고 해서 그 학원의 운영 시스템이나 커리큘럼을 모두 파악해야 학원을 잘 고를 수 있는 것은 아니야. 간혹 매우 신중한 성격의 아이들(특히 부모님들)은 너무 구체적인 사항까지 일일이 확인하면서 학원을 고르는 경우가 있어.

시험은 매일 치르는지, 학생과 상담은 자주 하는지, 피드백은 원활하게 이뤄지는지 등등 말이야. 물론 이런 부분이 때로는 중요할 수도 있겠지. 하지만 세세한 사항까지 모두 살피고 결정한 학원이라도 조금만 지나 보면 금세 불만족스러운 부분이 생겨. 열심히 검색하고 알아봤는데도 말야. 결국은 학원에 적응하지 못하고말지.

물론 시스템이 중요하기는 하지만 그 시스템의 모든 부분에 만족해야만 학원을 선택할 수 있는 것은 아니야. 학원의 시스템이라는 것도 결국에는 학생의 성적이라는 목표를 위한 수단에 불과하거든. 그러니 이것저것 너무 세밀하게 따지다 보면 오히려 시야가 좁아져서 큰 흐름을 보지 못하게 될 수도 있어. 그렇다면 무엇을 따져 봐야 할까? 시스템이 아니라 그 시스템의 결과물인 '입시 성과'야.

학원 운영자나 학원에 다니는 학생들의 공통된 목표는 결국 '성적'이야. 따라서 성적을 얼마만큼 올려 주었는지, 좀 더 구체적으로 말하면 전년도 입시 성과를 주목해야 해. 성과가 괜찮다면 그건 다른 학원보다는 효율적인 시스템을 운영하고 있다는 증거이기 때문이지.

다만 여기서 조심해야 할 함정이 있어. 전국 네트워크 가맹점 형태로 운영되는 학원의 경우, 전년도의 성과라는 것이 그 학원의 성과가 아니라 전국에 있는 모든 가맹점의 성과인 경우가 있거든. 가맹점 전체에서 특목고나 서울대를 수십 명 합격시켰다 하더라도 정작 우리 동네에 있는 그 분점에서는 한 명의 합격생도 나오지 않았다면 거긴 뭔가 문제가 있다는 뜻이야.

또 하나의 함정은 합격생 부풀리기야. 예컨대 장학금을 주거나 학원비를 면제해 주면서 공부 잘하는 학생을 데리고 오는 경우는 학원가에서 가끔 일어나는 일이야. 그 학원에서 오랫동안 배운 학생이 아니라 그저 공개 특강에 한 번 참석한 학생, 논술만 잠깐 배운 학생 등을 모두 자기네 학원 출신으로 둔갑시키는 거지. 따라서 '공부 잘하는 아이들이 많이 다니는 학원'이라는 말이, 그 학원에 가면 성적이 오른다는 말과 같은 뜻은 아니라는 걸 유념해야 해.

그럼 어떻게 해야 할까? 그렇다고 "원장님! 여기 적힌 합격생 중에 실제로 이곳에 6개월 이상 다닌 학생의 수는 몇 명이나 되는

사교육을 잘 활용하는 노하우

지 근거 자료 좀 볼 수 있을까요?"라고 꼬치꼬치 물어본들, 기분 좋게 대답해 줄 원장은 아마 없을 거야. 결국, 스스로 판단할 수밖에 없어. 전년도 입시 성과를 묻는 말에 두루뭉술하게 대답한다거나, 구체적인 수치나 자료 없이 오로지 학원 등록을 권유하는 데만 급급하다면 그건 의심해 볼 필요가 있지. 반면에 당당하고 진정성 있는 태도로 학원의 성과를 자세히 설명하는 곳이라면 믿음을 가져도 좋아.

학원을 선택하는 또 다른 기준은 '선생님'이야. 학원은 치킨집과는 달라. 소스가 통일된 '○○치킨'은 전국 어디서 시켜 먹어도 똑같은 맛이 나지? 하지만 학원은 아무리 가맹점이라 하더라도 다를 수밖에 없어. 결국은 모두 다른 선생님이 가르치기 때문이야. 따라서 학원의 브랜드가 중요한 것이 아니라, 그 학원에 고용되어 일하고 있는 개개인의 선생님이 더 중요해.

특정 선생님을 좋아하면 그 과목의 성적이 오르는 것은 불변의 법칙이야. 이것은 학교든 학원이든 마찬가지지. 물론 이때 좋아한다는 말이 '그 선생님을 생각하면 가슴이 두근거려요'라는 의미는 당연히 아니야. 잘 가르치느냐, 못 가르치느냐 하는 문제도 아니지.

그보다는 톱니바퀴가 서로 맞물리는 것처럼, 학생이 필요로 하는 부분과 선생님의 스타일이 맞느냐 안 맞느냐의 문제야. 그리고 이건 결국 개인적인 성향이라 사람마다 다를 수밖에 없어.

예컨대 나는 잘 몰랐던 내용이 이해될 때 공부의 재미를 느끼는 스타일이라고 치자. 그런데 학원 선생님은 이해 위주의 수업보다는 잘 정리된 프린트물만 줄기차게 나눠 주는 스타일이라면 안 맞는 거지. 이처럼 누군가에게는 잘 맞는 선생님도 다른 누군가에게는 맞지 않을 수도 있어. 잘 가르친다는 선생님을 찾아갔더니 나에게는 의외로 효과가 없는 경우가 바로 그런 경우야.

그런데 선생님의 강의 스타일과 내 학습 스타일이 맞는지 안 맞는지를 잘 모르겠다는 친구들도 있을 거야. 그럴 땐 어떻게 해야 할까? 학원마다 방문해서 모든 선생님의 수업을 한 번씩 들어 봐야 할까? 전교 상위권 아이들이 가장 많이 다닌다는 학원으로 가는 게 좋을까?

이때 팁을 알려 줄게. 그 학원이 나와 맞는지 안 맞는지를 알려면 학원에 있을 때 네가 어떤 '기분' 또는 '감정'을 느끼는지 집중해 봐. 학원에 있을 때 뭔가 자꾸 마음에 안 드는 부분이 생기고, 학원에 다녀와서도 뭔가를 배웠다는 뿌듯한 기분이 아니라 왠지 답답하고 찝찝한 기분이 느껴진다면 너는 그 학원, 또는 그 선생님과는 스타일이 안 맞을 가능성이 커.

왜냐면 사람의 감정은 때로는 이성보다 더 정확할 때가 있거든. 직원들의 친절함, 해당 강사의 실력, 학원의 효율적인 관리 시

사교육을 잘 활용하는 노하우

스템, 학생들을 위한 사소한 배려들이 모두 어우러져서 그곳에 있는 학생의 감정이나 기분을 좌우하지. 그러니 잘 모르겠다면 네가 그곳에 있을 때 뭔가 나아지고 있다는 느낌이 드는지, 기분이 좋은지 한번 생각해 봐. 신기하게도 그걸 기준으로 결정하면 의외로 정확하게 들어맞아.

좋은 과외 선생님을 고르는 팁이 있을까요?

과외 수업의 경우에는 선생님의 역량에 따라 결과의 편차가 매우 커지기도 해. 여기서 '선생님의 역량'이라는 것이 꼭 그 선생님의 학벌이나 경력에 의해 결정되는 건 아니야. 아무리 좋은 실력을 지녔어도 학생에게 신경을 써 주지 않으면 별 소용이 없지.

내가 생각하기에 과외 선생님의 가장 중요한 덕목은 '성실함'이 아닐까 해. 선생님의 학벌이라는 것도 결국 그 성실함을 객관적으로 측정하기 위한 확률적인 수단에 불과하고 말이야.

모든 학생은 저마다 성향이 다르고, 과외 선생님 역시 스타일이 모두 달라서 '어떤 선생님을 골라야 한다!'라고 단정 짓기는 좀 어려워. 하지만 자신의 공부 상황에 따라 어떤 스타일의 선생님을 골라야 하는지, 또 과외 선생님을 고를 때 어떤 부분을 염두에 두어야 하는지는 이야기해 볼 수 있어.

다만, 여기서 말하는 팁들을 확실한 법칙이라고 받아들이기보다는 '이런 일도 일어날 수 있겠구나!' 하는 정도로 참고하면 좋겠어. 나 역시 고등학교 졸업 후 많은 학생을 가르쳐 오면서 터득한 경험이기에 내 말이 꼭 정답이라고는 할 수 없으니까 말이야. 하지만 내가 말하는 팁을 참고한다면, 나에게 맞는 과외 선생님을 좀 더 지혜롭게 선택할 수 있을 거야.

과외 선생님을 선택하는 기준을 알기에 앞서, 일단 과외가 필요한 때와 그 효과가 가장 클 때가 언제일지 알아보자.

먼저 하위권, 즉 개념의 이해가 부족한 학생들에게는 과외가 꽤 효과적일 수 있어. 학원이나 공부방은 그룹으로 수업이 진행되기 때문에 학생 한 명 한 명의 수준에 일일이 맞춰 주지 않아. 그래서 한번 뒤처지면 진도를 따라가기가 버거워지고, 공부가 점점 싫어지게 되지. 이런 경우 친절한 과외 선생님이 곁에서 천천히 이해를 시켜 준다면 공부에 흥미를 붙일 수 있을 거야.

또, 하위권 학생들은 매일 공부를 꾸준히 하는 습관 자체가 잡혀 있지 않은 경우가 많아. 이때 정기적인 과제나 꾸준한 피드백을 통해 공부를 이끌어 줄 수 있는 과외 선생님이 있다면 학습에 큰 도움이 되겠지.

만약 성적이 중위권이라면 막히는 내용을 혼자서 해결하기 힘든 경우에 과외가 도움이 될 거야. 물론 수준에 맞는 인터넷 강의를 듣고, Q&A 게시판을 통해 모르는 것을 해결할 수도 있어. 하지만 수학은 과목 특성상 Q&A 게시판을 통해 물어보기가 곤란하고 해답을 들어도 속 시원하게 해결되지 않는 경우가 많아. 따라서 내가 모르는 것들을 모아 두고 과외 시간을 통해 해결한다면 현재 상황을 돌파하기 위한 좋은 수단이 될 수 있지.

마지막으로 상위권이라면 취약한 부분을 해결하기 위해 과외를 활용하면 좋아. 예컨대 영어 점수가 항상 95점 이상은 나오지만 유독 문법 문제에 약해서 꼭 한두 개씩 틀리는 사람이 있지? 그 부분의 전문 과외 선생님에게 기간을 정해서 집중적으로 훈련을 받으면 자신의 구멍을 메우고 만점으로 도약할 수 있을 거야. 이처럼 과외는 내가 필요로 하는 부분을 명확히 정해 놓고, 그다음에 거기에 맞는 선생님을 찾으면 그 효과를 톡톡히 볼 수 있어.

1. 현역 대학생 과외의 장단점

현재 대학에 다니고 있는 과외 선생님의 장단점은 무엇일까? 일단 학생과 나이 차이가 크지 않아 서로 친하게 지낼 수 있다는 게 장점이야. 선생님하고 친해져 봐야 무슨 소용이냐고? 아니, 꼭 그렇지만은 않아. 앞서 말했듯 선생님이 좋아지면 그 과목에 대한 흥미가 생긴다는 불변의 법칙을 떠올린다면 이것은 꽤 중요한 장점이지.

또 대학생 과외 선생님은 수험 공부를 끝낸 지 얼마 지나지 않았어. 다시 말해 자신만의 입시 경험이 아직 생생하게 남아 있는 거지. 선생님 본인이 중·고등학교 때 어떤 어려움이 있었고, 어떻게 극복했는지 그 경험을 구체적으로 나누는 것도 도움이 돼.

문제는 이게 단점이 되기도 한다는 거야. 선생님 본인이 자신의 경험만이 진리라고 착각하면 위험하지. 공부법에는 누구에게나 공통으로 적용되는 부분도 있지만, 사람마다 달리 적용해야 되는 부분도 분명 있거든.

아직 경력이 짧은 대학생 과외 선생님이 그저 자신의 경험에 지나지 않는 것을 누구에게나 적용할 수 있는 진리인 양 학생에게 전달하면 어떻게 될까? 아마 배우는 입장에서는 그 조언의 옳고 그름을 판단하지 않고 무조건 받아들이면서 불필요한 시행착오를 겪게 될 수도 있겠지.

대학생 과외의 단점이 또 하나 있어. 가르치는 학생과 자신의 시험 기간이 겹친다는 거야. 평소에는 수업이 부실했더라도 시험 기간에 집중적으로 관리를 받으면 학생의 성적이 오르는 경우가 꽤 많아. 하지만 학생을 집중적으로 지도해 주어야 할 시기에 선생님 본인의 시험 준비에 바빠진다면 꽤 심각한 문제가 되지.

이처럼 장단점이 확실하니 대학생 선생님에게 과외를 받고 싶을 때 이런 부분을 고려한다면 분명 나에게 맞는 선생님을 찾을 수 있을 거야.

2. 대학교 휴학·졸업생 과외 선생님의 장단점

대학을 휴학했거나 이미 대학교를 졸업한 과외 선생님의 장점은 학생과 시험 기간이 겹칠 일이 없다는 거야. 게다가 휴학생이나 졸업생의 신분으로 과외를 하는 선생님은 이 일에 좀 더 집중하는 경우가 많아서 전문적인 학습 지도와 관리를 기대할 수 있다는 것도 장점이지.

다만 이 선생님들은 진로의 변동이 생길 수 있다는 점을 염두에 둬야 해. 불쑥 군대를 가 버린다거나, 공무원 혹은 전문직 시험을 준비하겠다며 다음 달부터 수업할 수 없다고 갑자기 통보할 수도 있겠지. 곧 결혼해서 외국으로 떠나기라도 하면 열심히 배우던 학생은 참으로 난처해질 거야.

이런 당황스러운 일을 피하기 위해서는 과외를 시작할 때 편안한 분위기에서 선생님의 진로를 미리 물어보는 것도 방법이야. 혹

사교육을 잘 활용하는 노하우

은 선생님에게 "나중에 혹시 과외를 그만두더라도 적당한 기간 전에 미리 통보해 달라"고 말해 두는 것도 좋아.

3. 재수생 과외의 장단점

나 역시 재수생 때 과외를 해 봤어. 받아 봤다는 게 아니라 가르쳐 봤다는 뜻이야. 그 경험에 비춰 볼 때, 실력 있는 재수생에게 과외를 받는 건 꽤 추천할 만한 일이야. 물론 이때의 재수생은 전국 어느 대학에도 못 간 재수생이 아니라 최상위권 재수생을 의미해. 예컨대 서울대나 의대를 꼭 가고 싶었는데 아쉽게 떨어지는 바람에 종합학원에 다니고 있는 재수생은 여러모로 장점이 많은 좋은 선생님이지.

일단 재수생은 중간고사와 기말고사가 없으니 대학생처럼 자신과 학생의 시험 기간이 겹친다는 단점이 없어. 게다가 이들의 가장 큰 장점은 자신이 오전과 오후에 학원에서 배운 내용을 그대로 저녁에 학생에게 전해 준다는 거야. 재수학원에서 수업을 듣는 것이, 저녁에 자신이 할 과외 수업 준비의 역할을 겸하고 있는 셈이지. 이 경우 너는 재수학원 선생님의 설명을 과외 선생님을 통해 간접적으로 전수받는 셈이야.

게다가 현재도 수험 공부를 계속하고 있다는 점, 지난해의 실패를 극복하고 목표를 이루기 위해 절제하고 노력하는 태도 역시 과외를 받는 학생에게 스며들어 공부하는 마음가짐에 큰 영향을 주기도 해.

　다만 단점도 있어. 수능 점수가 높다고 꼭 누군가를 잘 가르치는 건 아니거든. 문제를 푸는 능력과 누군가를 이해시키는 능력은 달라. 어떻게 해야 효율적으로 학생을 이해시키고 성적을 올릴 수 있는지에 대한 노하우는 연습과 경험이 쌓여야 생기기 때문이지. 결국 학생을 가르쳐 본 경력이 짧거나 아예 없다는 점은 대학생 과외 선생님과 동일한 단점이야. 따라서 재수생이면서 처음 과외를 시작하는 선생님을 만나게 된다면 경력을 상쇄할 만큼의 열정과 실력을 지녔는지 살펴봐야 해.

4. 공부방 과외(그룹 과외)의 장단점

　몇 명의 친구들과 함께 그룹으로 과외를 받는 경우도 있어. 그룹 과외는 학생에게나 선생님에게나 가성비가 아주 좋은 편이야. 학생은 혼자 배울 때의 절반 이하 가격으로 과외를 받을 수 있고, 선생님은 많은 학생을 모아 한 명을 가르칠 때보다 훨씬 더 많은 보수를 받을 수 있으니 말이야. 실제로 이런 이유로 (즉, 부모님의 부담을 조금이나마 덜어드리고 싶어서) 그룹 과외를 선택하는 친구들도 많아.

이렇듯 여러모로 좋아 보이는 그룹 과외도 단점은 있어. 그룹 과외의 속성상 나에게 맞는 진도나 수업은 기대하기 어렵다는 거야. 심지어는 수업 방식이 과외인지 학원인지 구분이 안 가는 경우도 있고, 이름만 과외지 사실상 비싼 학원 수업과 다를 바가 없다고 느껴지는 때도 있지. 이 두 가지에 해당하는 그룹 과외라면 안타깝지만 기대했던 효과를 얻기는 힘들 거야.

또 하나 현실적으로 생각해 볼 것은 이동 문제야. 그룹 과외는 대개 선생님의 집이나 사무실에 다 같이 모여서 진행해. 많은 학생이 이것을 그룹 과외의 단점으로 꼽지만, 나는 그렇게 생각하지 않아. 물론 오가는 게 귀찮고 번거롭기는 하겠지만 그렇다고 손해 보는 일은 아니야. 내가 이렇게 고생을 해서 거기까지 배우러 가는데 뭐라도 반드시 얻어 와야겠다는 생각이 들기 때문에 오히려 도움이 될 수도 있지.

그룹 과외의 치명적인 단점은 위에서 얘기한 것보다는 불법으로 운영하는 경우가 많다는 사실이야. 물론 관할 교육청이나 세무서에 신고하지 않고 운영하는 공부방에 다닌다고 해서 학생 또는 학부모가 처벌을 받거나 과태료를 내지는 않아. 하지만 불법 공부방을 운영하던 선생님이 어느 날 '단속에 걸려 문 닫습니다. 그동안 감사합니다'라는 종이 쪽지를 오피스텔 앞에 붙여 놓고 사라져 버리면 배우던 학생들은 매우 당황스럽겠지? 예기치 못하게 이런 일이 벌어질 수도 있다는 걸 예상해 두는 것도 나쁘지 않아.

이처럼 각 과외의 장단점을 참고하여 자신에게 맞는 선생님을 만났다면 반드시 잊지 말고 과외 선생님에게 요구해야 할 것이 있어.

첫째는 '진도표'야. 이번 주에는 어떤 수업을 하고, 몇 달 안으로 무엇을 끝낸다는 식의 진도 계획이 없으면 나중에는 선생님이나 학생 모두 매너리즘에 빠져 버리게 돼. 그러면 소중한 과외 시간이 그저 하하호호 시간 때우기 식의 수업으로 흘러가게 될 위험이 있지.

둘째는 '시간 엄수'야. 수업 시간을 잘 지키지 않는 선생님에게 예상되는 문제점은 뭘까? 준비 없이 후다닥 와서 그냥 생각나는 대로 가르치고 가 버리는 스타일일 확률이 높다는 거야. 물론 사람이니 한두 번은 급한 일이 생길 순 있어. 그러나 한 달에 세 번 이상 그런 일이 벌어진다면 그건 그 선생님의 천성인 거야. 프로 의식이 부족한 이런 과외 선생님은 일찌감치 피하는 게 현명해.

셋째는 '피드백'이야. 수업이 진행되고 일정한 기간이 되었을 때, 그간의 과외 수업에 대해 학생과 상담하는 시간이 필요해. 지금 공부의 문제점은 뭔지, 개선하려면 앞으로 어디에 노력을 집중해야 할지, 그걸 가장 잘 짚어 줄 수 있는 사람이 바로 과외 선생님 아니겠니? 그러려고 과외를 받는 거고 말이야.

만약 수업에만 열중한다는 이유로 학생, 부모님과 상담하는 일에는 소홀하다면 그 과외 선생님은 가르치는 일에도 소홀할 확률이 높아. 과외를 받은 지 몇 달이 지나도 학생의 현재 상황과 목표에 대한 피드백, 학생의 문제점과 그것을 교정하기 위한 자신의 지도 방향에 대한 피드백이 전혀 없다면 좋은 선생님이라고 하긴 어렵다는 걸 기억하렴.

인터넷 강의는
어떻게 듣는 게 좋나요?

우리 주변에는 남들 따라서 아무 생각 없이 학원에 등록하거나 과외 수업을 받는 친구들도 있어. 하지만 이건 돈과 시간을 낭비하는 지름길이야.

사교육을 선택할 때는 가장 먼저 나 자신의 성향과 학습 수준 등을 파악해야 해. 내가 어떻게 공부하는 스타일이고, 현재 어떤 점이 부족한지 등을 일단 정리해 둔 다음에 학원이든 과외든 인강이든 거기에 맞는 사교육을 선택해야 하지.

예를 들어 볼게. 혼자서는 의지가 약해서 생활이 금방 나태해지는 스타일이라면 정해진 시간에 수업이 시작되는 학원이나 과외를 선택하는 것이 좋아. 수업을 받는 일 자체가 생활 관리를 겸하는 효과가 있기 때문이야.

또, 자극을 받을 때 공부를 더 열심히 하는 스타일이라면 여럿이 모여 공부하는 학원이나 그룹 과외를 추천해. 이런 친구들은 대개 승부욕이 강한데, 바로 이 경쟁 심리를 원동력으로 삼는다면 공부하는 데 큰 도움이 될 거야.

모르는 내용을 혼자 해결하기 어려워하는 스타일이라면 인터넷 강의를 추천할게. 그런데 선생님이 옆에서 직접 관리해 주는 과외나 학원과 달리, 인터넷 강의는 혼자서 학습 관리를 해 나가야 해서 어려움을 겪는 친구들이 의외로 많아. 지금부터는 혼자서도 인터넷 강의를 보다 효율적으로 활용할 수 있는 방법에 대해 알려줄게.

1. 인터넷 강의에만 집중할 수 있는 환경을 만들자

인터넷 강의의 단점은 컴퓨터나 스마트폰을 이용해야 한다는 거야. 게임이나 동영상, 각종 SNS 등에 쉽게 노출된다는 위험이 있지. 한번 떠올려 봐. 공부하려고 스마트폰을 켰다가 친구들이 보내온 톡이 궁금해서 해당 앱에 먼저 들어간 적이 많지? 강의 홈페이지에 접속하려고 인터넷을 클릭했다가 재미있는 기사를 읽느라 계획한 시간에 강의를 못 듣는 경우도 허다하지.

간혹 인터넷 강의를 들어야 한다며 부모님을 졸라 컴퓨터와 스마트폰을 최신 기기로 바꾸기도 해. 하지만 어땠어? 정작 인터넷 강의는 잘 듣지 않고 웹툰이나 톡, 게임을 하는 데 시간을 허비하는 경우가 많잖아.

그런데 죄책감을 가질 필요는 없어. 사실 이건 인간의 본성이라 어쩔 수 없거든. 의지의 문제도 아니야. 누구라도, 전교 1등도, 심지어 이 말을 하는 나조차도 통제하기가 힘든 게 바로 컴퓨터와 스마트폰이야.

혹시 인터넷 강의를 보겠다며 새로 산 스마트폰으로 매일같이 연예인 뉴스만 검색하고 있다면 내가 알려 주는 방법을 한번 실천해 봐.

먼저, 집에서는 되도록 인터넷 강의를 듣지 말자. 집에서는 긴장이 풀리기 쉽거든. 긴장이 느슨해지면 공부가 잘될 리 없지. 간혹 굳은 의지를 발휘해서 인터넷 강의를 켰더라도, 이내 다른 짓에 빠지게 될 가능성이 커. 이건 누구라도 그렇게 될 수밖에 없어. 아무도 간섭하지 않는 너무 편한 환경이라서 그런 거야.

따라서 인터넷 강의를 들을 때는 '도서관 컴퓨터실'을 이용하는 걸 추천해. 도서관 컴퓨터실에서는 아무리 연예인 기사를 읽고 싶어도 내 등 뒤로 왔다 갔다 하는 사람들 때문에 신경이 쓰이게

사교육을 잘 활용하는 노하우

마련이거든. 다들 진지하게 공부하는 분위기라서 혼자 딴짓하기도 쉽지 않아. 이런 불편과 제약이 오히려 내 공부를 도와주는 셈이야.

중학생이라면 평일에 학교를 마치고 도서관에 가서 인터넷 강의를 듣는 게 좋아. 만약 고등학생이라면 평일에는 도서관에 갈 시간이 나지 않을 테니 주말을 이용해 도서관에 가서 듣는 것을 추천할게.

2. 미리 계획을 세우고 듣자

인터넷 강의는 자신이 원하는 시간에 언제든지 들을 수 있어. 따라서 시간이 부족한 학생이라면 학원이나 과외보다는 인터넷 강의가 더 알맞을 거야. 다만, 언제든지 원하는 시간에 들을 수 있다는 점이 오히려 독이 될 수도 있어.

매일 규칙적으로 듣는 것이 아니라 그저 생각날 때 듣는다거나, 몰아서 듣는 식으로 계획 없이 활용하게 되면 효과가 반감되기도 하지. 따라서 인터넷 강의를 선택하는 경우에는 자신의 생활 관리를 더욱 철저히 해야 해. 특히 하루에 몇 개를 듣고, 언제까지 모두 끝내겠다는 식의 계획을 반드시 먼저 세운 다음 시작하자.

3. 여러 선생님의 공개 강의를 들어본 뒤에 결정하자

소위 '스타 강사'라 불리는 유명 인터넷 강사의 강의는 이미 다른 수강생들에 의해 검증되었다는 장점이 있어. 하지만 인기가 많다고 해서 나에게도 꼭 맞는 선생님이라는 보장은 없지. 학생 상황에 따라서 부족한 것이 다르고, 선생님 각각의 스타일과 제공되는 지식도 다르기 때문이야. 따라서 반드시 공개 강의를 미리 들어보자. 자신에게 맞는지 먼저 확인한 뒤에 선택해야 시행착오를 줄일 수 있어.

4. 복습하는 시간을 반드시 확보해 두자

시험을 앞두고 도서관에서 온종일 인터넷 강의만 듣는 학생들이 있어. 물론 그 마음은 충분히 이해해. 인터넷 강의를 보고 있으면 불안하고 초조한 마음이 어느 정도 사라지고, 공부하고 있다는 느낌에 안심이 되거든.

하지만 인터넷 강의는 그것을 보고 듣는 것만으로는 별 효과가 없어. 물론 듣는 순간에는 모든 내용이 잘 이해되고 정리되는 것 같지만, 그것을 온전히 내 것으로 만들려면 따로 시간을 내서 반드시 복습해야만 해.

따라서 인터넷 강의를 수강하겠다고 마음먹었다면 언제 강의

사교육을 잘 활용하는 노하우

를 복습할 것인지도 미리 결정해 두어야 해. 공부는 인터넷 강의를 볼 때가 아니라, 그 내용을 복습할 때 이뤄진다는 사실을 반드시 명심해야 해.

5. 자신이 부족한 부분은 반드시 반복해서 듣자

인터넷 강의의 가장 큰 장점은 설명을 반복해서 들을 수 있다는 점이야. 이 장점을 활용할 수 있는 핵심 기능이 '일시정지'와 '되감기'지. 따라서 인터넷 강의의 효과는 이 두 기능을 얼마나 잘 활용하느냐에 달려 있다고 해도 과언이 아니야.

'2주 만에 이걸 모두 다 들어 버려야지!'라는 욕심을 접고, 이해가 잘 안되는 부분이 나오면 곧바로 되감기를 눌러 설명을 반복해서 들어야 해. 이해가 잘 안되는 그 부분이 바로 내가 공부해야 할 부분이기 때문이야. 즉, 인터넷 강의를 듣는 목적은 되감기 버튼을 눌러야 할 부분을 찾기 위해서라고 생각하면 될 거야. 인터넷 강의를 들으면서 되감기 버튼을 한 번도 누르지 않았다면 그건 나에게 별 도움이 안 되는 너무 쉬운 강좌를 선택했다는 뜻이야.

또한 문제 풀이를 하는 장면에서는 일시정지 버튼을 최대한 많이 활용해야 해. 빨리 진도를 끝내고 싶은 욕심에 '미리 풀어 보지는 않았지만, 그냥 풀이 과정 설명을 들으면서 이해하고 넘어가자'라고 생각해선 안 돼.

문제 풀이를 시작하려는 장면에서는 무조건 일시정지 버튼을 누르자. 그런 다음 반드시 스스로 풀어 보고 나서 다시 재생 버튼을 눌러 풀이 과정을 듣는 거야. 그래야 내가 스스로 하는 공부와 인터넷 강의가 시너지 효과를 발휘하면서 성적 상승에 큰 도움이 될 수 있어.

사교육을 잘 활용하는 노하우

"이제 우리는 계획도 잘 세웠고 시간 관리를 하는 법도 알게 되었어. 그런데 막상 공부를 해 보니 생각보다 어려운 일들이 많아. 나보다 잘하는 친구가 신경 쓰이기도 하고, 시험 때문에 불안할 때도 있지. 이럴 땐 어떻게 해야 좋을지 얘기해 보자."

6장 의욕 관리

공부 열정을
지속시키는 비결

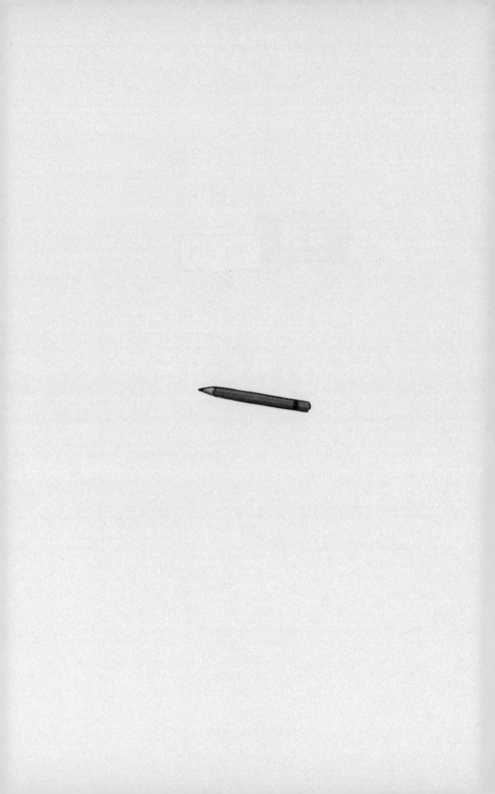

공부를 시작하기가 힘들어요

머리로는 열심히 공부하자고 생각해도 막상 행동으로 옮기는 건 쉽지 않아. 나 역시 그랬어. 꾸역꾸역 겨우 책상에 앉아도 자꾸만 딴생각에 빠지고 집중도 잘되지 않았지. 하지만 수많은 시행착오 끝에 나는 흔들리는 마음을 다잡고 공부를 쉽게 시작하는 방법을 찾을 수 있었어. 이제부터 그 방법을 자세히 소개해 볼게.

1. 공부를 시작할 때마다 미래의 내 모습을 상상하자

어느 날 한 친구가 내게 〈월드 오브 워크래프트〉라는 게임을 같이하자고 제안했어. 나는 얼떨결에 게임을 설치하고 마법사 캐릭터를 만든 다음, 시작 버튼을 눌렀지.

'어라, 뭐 하자는 거지? 왜 저 마을 사람은 나보고 늑대 고기를 모아 오라는 걸까?'

처음에는 뭐가 뭔지 하나도 몰랐어. 키보드 1번 키를 냅다 누르자 갑자기 내 캐릭터가 마법을 쏘더라? 불덩이가 늑대에게 날아가 작열하고 죽은 늑대는 고깃덩이로 변해 땅에 떨어졌지. 신이 난 나는 몇 번이고 반복해서 게임 속 마을 사람이 원하는 만큼의 고기를 모아서 가져갔어.

"수고했소! 고딩개구리! 귀하의 노력으로 노스샤이어는 평화로워졌소!"

마을 사람이 나에게 보상으로 갑옷 아이템을 줬어.

'오오? 이것은!'

그렇게 몇 달이 흘렀어. 나의 캐릭터는 어느새 '만렙'(더 이상 레벨이 오르지 않는 단계)이 되어 있었고, 사람들은 나를 '길마님'(같은 온라인 게임을 즐기는 사람들 모임의 대표)이라 부르고 있었지. 무엇이 나를 이렇게 만들었을까?

그건 바로 보상에 대한 갈망이었어. 물론 캐릭터의 레벨을 올리는 과정이 마냥 재미있지만은 않았지. 어떤 때는 꾸벅꾸벅 졸면서 게임을 하기도 했거든. 그래도 나는 그런 지루한 시간을 견뎌 냈어. 지금의 지루함만 잘 참으면 그 대가로 더 높은 레벨, 더 좋은 아이템, 더 강력한 마법을 얻을 수 있기 때문이었어.

공부도 이와 같아. 가끔은 공부가 재미있을 때도 있지만 대부분의 시간은 지루할 거야. 그러나 내가 공부를 잘하게 되었을 때를 상상하면 현재의 지루함은 얼마든지 이겨 낼 수 있어. 나는 공부를 시작할 때마다 1분 동안 눈을 감고 훗날 공부를 잘하게 되었을 때의 나의 모습을 상상하곤 했어.

다만 '자아를 실현하자' 또는 '사회에 보탬이 되는 인물이 되자' 등의 교과서적인 다짐으로는 의욕이 생기지 않았어. 나는 좀 더 가까운 미래의 구체적인 장면을 상상했는데 성적이 올랐더니 엄마가 꽃등심을 구워 준다든지, 마음에 안 드는 어떤 친구를 시험에서 이긴다든지 하는 게 내가 자주 떠올렸던 상상이었어.

어차피 의욕을 북돋기 위한 것이니 굳이 현실적인 상상을 할 필요는 없어. 나는 때론 말도 안 되는 '헛공상'도 품곤 했어. 예를 들어 내가 실수로 떨어뜨린 1등 성적표를 어떤 예쁜 여자애가 줍는 바람에 흐뭇한 러브스토리가 이어진다든지, 수능 날 내가 만점을 받아서 우리 학교에 방송사 기자들이 카메라를 들고 몰려온다든지 말이야.

물론 엉뚱하고 황당하지만 생각만으로도 기분이 좋아지고 얼른 공부가 하고 싶어졌어. 그렇게 공부를 시작한 날에는 신기하게도 시간이 금방 갔지. 의욕이 생겨서 더욱 집중할 수 있었기 때문이야.

그러니 지금 공부를 시작하기가 쉽지 않다면, 일단 책상에 앉아서 딱 1분만 자신이 되고 싶은 미래의 모습을 상상해 봐. 그리고 입가에 미소가 지어진 그 상태로 눈을 뜨는 거야. 그러면 눈을 감기 전과 마음가짐이 완전히 달라진 자신을 발견하게 될 거야.

2. 공부할 과목과 관련된 교양 도서를 읽어 보자

예전에 중학교 2학년 여학생을 가르친 적이 있어. 이 아이는 사회, 특히 한국사 공부를 너무 힘들어했지. 내가 봤을 때 이 아이의 문제점은 무턱대고 외우려는 데 있었어.

암기는 중요하지만 그건 공부의 마지막 단계야. 처음에는 흥미를 느끼며 '이해'하는 게 중요해. 그리고 어려운 과목의 흥미를 불러일으키는 데는 교양 도서가 제격이지. 나는 그 아이에게 공부하던 교재를 잠시 덮고, 온라인 서점에서 재미있는 역사 교양 도서를 구매하도록 했어.

한국사가 제일 싫다던 아이가 단숨에 그 책을 다 읽더라. 그 후에는 내가 시키지도 않았는데 또 다른 책들을 사서 읽기 시작했어. 덕분에 나는 과외 시간에 그 아이로부터 난감한 질문들을 받게 되었어.

"크크크, 선생님은 웅진도독부의 진실을 알고 있나요?"

"후후후, 선생님은 송시열이 주장한 북벌론이 제한적 북벌론이라는 것을 알고 있었어요?"

얼마 지나지 않아 그 아이에게 한국사는 점수가 가장 잘 나오는 과목이 되었어. 이렇듯, 흥미가 없는 과목일수록 관련된 책을 읽어 보며 접근하는 법을 추천할게. 특히 방학처럼 내신 시험이 아직 한참 남은 시기라면 평소 어려워했던 과목에 대한 베스트셀러 교양 도서를 선택해서 읽어 봐. 그러면 지금까지 딱딱하기만 했던 교과서의 내용이 신선하게 다가올 거야.

3. 보상은 스스로가 주는 것이어야 한다

한 마을에 심리학자가 살고 있었어. 어느 날 심리학자는 자기 집 앞에서 놀고 있던 아이들에게 웃으며 다가가 말했어.

"얘들아, 너희들이 이렇게 즐겁게 노는 모습을 보니 아저씨는 정말 기쁘구나. 만 원씩 줄 테니까 내일도 여기 와서 놀아 주지 않겠니?"

아이들은 이게 웬 행운이냐며 신이 났어. 그리고 약속대로 다

공부 열정을 지속시키는 비결

음 날도 그 집 앞에 와서 놀고 있었지. 그러자 심리학자가 와서 말했어.

"약속을 지켜 줘서 고맙구나. 내일도 여기서 놀아 주면 안 되겠니? 여기 천 원씩 줄 테니까 내일도 꼭 와 주렴."

어제보다는 적은 돈이었지만 아이들은 역시 기뻐하며 돌아갔어. 다음 날도 아이들은 찾아와서 심리학자의 집 문을 두드렸지. 그러자 심리학자가 나와서 우울한 표정으로 말했어.

"오늘도 와 주어서 고맙구나. 그런데 어떡하지? 아저씨가 이제 돈이 없구나. 그래도 아저씨를 위해서 앞으로도 계속 여기 와 주면 안 되겠니?"

아이들은 서운한 표정을 감추지 못했고, 다음 날부터 그곳에 찾아가지 않았지. 그러자 심리학자는 쾌재를 불렀어. 사실 애초부터 심리학자는 그 시끄러운 꼬마들이 싫었던 거야. 그래서 아이들을 쫓아내려고 그들의 행동에 외부적인 보상을 내걸었던 거야. 보상이 없으면 흥미도 잃게끔 만든 거지.

몇몇 친구들은 공부를 몇 시간 하거나 성적이 오르는 조건을 걸며 부모님께 보상을 요구하기도 해. 이게 정말 효과가 있을까? 물론 그 보상을 얻기 위해 열심히 공부해서 실제로 부모님이 원하는 등수까지 오르는 학생도 간혹 있어. 하지만 문제는 이런 방법으로는 절대 공부 열정이 유지되지 않는다는 사실이야.

남으로부터 주어지는 보상을 바라고 하는 공부는 가짜 공부야. 그런 공부가 재미있을 리가 없어. 성적을 올리려면 결국에는 스스로 공부에 재미를 느껴야 해.

외부의 보상 때문에 공부하면 그나마 느끼고 있던 공부의 재미마저 사라져 버리고 말아. 따라서 보상은 남이 아닌 바로 '스스로가 주는 것'이어야 해. 예를 들면 '오늘 이 단원을 모두 공부해 낸다면 집에 가서 일찍 잠자리에 들겠다!'라는 식으로 말이야. 이런 식으로 자기만의 보상을 정하고, 그 과정을 스스로 계획하며, 자신의 의지로 실천해야만 공부에 재미를 붙일 수 있어.

4. 전략 과목을 설정하자

나는 말을 타고 평화로운 푸른 초원을 달리고 있었어. 물론 이곳은 온라인 세계야. 그곳에서 나는 80레벨, 즉 만렙의 마법사야. 저 멀리서 50레벨짜리 기사가 칼을 휘두르며 거미를 때리고 있었어. 너무 힘겨워 보여서 나는 말에서 내려 거미에게 거대한 마법을 날렸지. 거미는 한 방에 타 죽어 버렸어.

"도와주셔서 감사합니다. 우와, 만렙이시네요. 너무 멋져요!"

"크크, 좀 도와드려요?"

"그럼 저야 감사하죠!"

공부 열정을 지속시키는 비결

우리는 팀을 맺고 사냥을 떠났어. 그러면서 알게 된 사실인데, 그 사람은 50레벨 캐릭터를 2개 가지고 있었어. 사실 나도 캐릭터가 2개야. 지금 접속해 있는 80레벨 마법사 외에 키우다 만 10레벨짜리가 있지. 내가 농담으로 말했어.

"님이 가진 캐릭터의 레벨을 전부 합하면 100이네요. 하하. 저는 둘 다 합쳐도 90이니까 님이 저보다 고수시네요."

"헉, 만렙이 하나라도 있는 사람이 고수죠. 어떻게 하면 레벨을 빨리 올릴 수 있나요?"

"하하하. 그냥 열심히 하는 거죠, 뭐."

그렇게 웃고 있었지만 한편으로 나는 의문이 들었어. '왜 내가 고수지? 저 사람은 50레벨짜리 캐릭터가 2개고, 그 레벨을 전부 합하면 100으로 나보다 더 높은데 말이야.' 나는 마법사만 80레벨일 뿐, 10레벨짜리 캐릭터는 초보자 마을에서 병든 늑대 몇 마리를 잡은 것이 고작이었지. 그렇다면 그 사람과 나, 둘 중 누가 더 고수일까?

당연히 하나라도 만렙을 가지고 있는 사람이야. 한 번이라도 캐릭터를 끝까지 키워 본 사람은 어디서 사냥을 해야 경험치를 많이 쌓고, 어떻게 사냥해야 몬스터를 쉽게 잡을 수 있는지 알고 있어. 이미 경험으로 터득했기 때문이지. 그게 바로 '노하우'야. 게다가 이미 한번 끝을 봤기 때문에 '나 같은 건 아마 안될 거야.' 따위의 좌절은 절대 하지 않아. 그래서 마음만 먹으면 다른 캐릭터도 얼마든지 잘 키울 수 있다는 자신감에 차 있지.

나는 오랫동안 학생들을 가르쳐 오면서 성적이 잘 오르지 않는 아이들에게는 공통점이 있다는 걸 발견했어. 이런 아이들의 대다수가 만렙 캐릭터, 즉 전략 과목이 없더라고.

슬럼프의 사슬을 끊고 상위권으로 치고 올라가려면 일단 한 과목이라도 100점을 맞아 봐야 해. 한 과목에서라도 1등이나 100점을 얻게 되면 그 순간부터 그 사람은 완전히 다른 사람이 되어 버려. 우선 마음가짐부터가 달라지지. '해냈다'라는 금싸라기 같은 경험은 수천만 원짜리 과외로도 얻을 수 없는 자신감을 가져다줄 거야.

그 과목이 굳이 국·영·수 같은 중요 과목이 아니라도 괜찮아. 오히려 국·영·수는 단기간에 성적을 올리기 힘들어서 암기 과목 중 하나를 택해서 일주일이든, 한 달이든 단기간에 집중적으로 공략하는 것이 좋아.

만약 단기간에 자신의 에너지를 한국사 과목에 모두 쏟아부은 결과, 그 과목에서 100점을 받은 학생이 있다고 해 보자. 그 아이가 과연 과학 성적이 오르지 않는다고 좌절할까? 그렇지 않아. 오히려 이렇게 생각할 거야.

'한국사도 한 달 공부하니까 100점 나왔어. 그럼 과학도 얼마든지 가능해. 내가 해 봐서 알아. 원래 이때가 공부가 잘 안될 때야. 하지만 참고 견디니 결국은 올랐잖아?'

성적이 오르지 않거나 슬럼프에 빠져 있다면 매일 여러 과목을 골고루 공부하기보다는 기간을 정해 두고 하나의 전략 과목만 마스터하는 것이 좋아. 한 과목이라도 상위권으로 만들어 놓으면 다른 과목은 더 빠르게 상위권으로 진입시킬 수 있거든.

특별히 잘하는 과목 없이 성적이 전부 고만고만해서 걱정이라고? 그렇다면 당장 PC방으로 달려가 봐. 그리고 거기서 온라인 게임을 하고 있는 초등학생들에게 한 수 배우자. 그 고수분들은 절대 여러 캐릭터를 동시에 키우지 않아.

공부가 재밌어지는
방법은 없나요?

공부가 정말 하고 싶어서 하는 사람이 세상에 몇이나 될까? 다들 어느 정도의 고통은 참으며 하는 거야. 하지만 그 고통이 지나치게 크게 느껴지거나 공부의 재미를 아직 한 번도 느껴 보지 못했다면 그건 뭔가 문제가 있다는 뜻이겠지.

의욕이 넘치는 학생들은 오히려 공부가 '재미있다'라고 말하기도 해. 어떻게 공부가 재미있을 수 있을까? 지금부터 다섯 가지 방법을 소개할게.

1. 수준에 맞는 공부를 하자

같은 과목, 같은 진도라도 어려운 수준의 교재로 공부하면 당연히 재미가 없어져. 어떤 학생들은 불안한 마음에 실수를 저지르곤 하는데 바로 자기 수준에 맞지 않아도 남들이 보는 문제집이라는 이유만으로 따라서 보는 거야. 쉬운 책을 보면 왠지 뒤처지는 것 같고, 어려운 문제를 풀면 쉬운 문제를 풀 때 필요한 기초도 같이 닦을 수 있다는 마음이 들기 때문이지. 하지만 그렇게 하면 결국 머릿속에 남는 것도 없고 공부의 재미만 사라지고 말아.

나는 겸손할수록 빨리 성장한다고 생각해. 다시 말해 자신의 실력이 모자란다고 생각되면 겸손한 마음으로 쉬운 것부터, 교과서부터, 자세히 설명된 기본서부터 차근차근 공부해야 한다는 뜻이야. 물론 남들보다 뒤처진다는 느낌이 들 수 있어. 그렇다고 실력에 맞지 않는 문제집을 붙들고 낑낑대는 것은 더 뒤처지는 지름길이야. 불안한 만큼 남들보다 두 배의 노력을 하겠다는 각오를 품고, 쉬는 시간이나 점심 시간에도 열심히 해서 빠른 기간 안에 끝내면 돼.

2. 때로는 공부 방법과 내용에 변화를 주자

공부가 아직 습관으로 정착되지 않았다면 아무리 공부가 지겨워도 참고 끈기로 밀어붙이는 것이 중요해. 공부를 열심히 한다는 것이 아직 몸에 익지 않으면 조금만 책을 봐도 금방 엉덩이가 들썩들썩하지. 이때는 계획된 시간까지 참는 것이 좋아. 몸이 "놀아 줘! 놀아 줘!"라고 외친다고 해서 금방 그 요구를 들어주면 우리 몸은 계속해서 그런 요구를 하게 되니까.

반면, 공부가 어느 정도 습관으로 붙은 경우라면 얘기가 좀 달라져. 공부하다 보니 지겨워서 도저히 머리가 안 돌아간다? 그럼 미련하게 계속 그걸 붙들고 있을 필요는 없어. 그렇다고 놀기도 불안하다면 공부의 스타일을 바꿔 주는 것만으로 간단하게 의욕이 되살아나기도 해.

스타일을 바꾼다는 것이 꼭 큰 변화를 주어야 한다는 말은 아니야. 교재를 바꾸어 공부하는 것만으로도 의욕은 살아날 수 있어. 예를 들어 교과서를 보다가 지겹다면 문제집을 본다든지, 국어 공부를 하다가 지겹다면 수학 문제를 푼다든지, 책을 읽기만 하다 지겨우면 쓰면서 할 수도 있고, 그마저 지겨워지면 친구와 서로 질문하는 방법을 쓸 수도 있겠지.

이처럼 스타일에 변화를 주면서 어떻게든 예정된 시간까지 공부를 끌고 나가는 것이 중요해. 너무 한 가지 방법으로만 밀어붙이면 곧 지쳐 버려서 그 과목이나 공부 방법에 완전히 정나미가 떨어질 위험이 있으니까 말이야.

공부 열정을 지속시키는 비결

3. 성과가 보이는 공부를 해 보자

공부는 기초가 중요하기에 어떤 과목이든 기본서부터 꼼꼼히 공부하는 게 원칙이야. 그런데 정 의욕이 나지 않는다면 가끔은 그 반대 방향으로 공부해 볼 필요도 있어. 교과서나 기본서보다는 점수를 바로바로 확인할 수 있도록 문제집이나 모의고사 위주로 공부하는 거야.

나는 고3 여름에 슬럼프가 찾아온 적이 있어. 공부가 지겨워졌고 잡생각이 많아졌지. 이래서는 안 되겠다 싶어 모의고사 모음집을 사서 매일 시간을 재고 풀었어. 점수가 잘 나오면 '할 수 있다'라는 생각이 들었고, 점수가 못 나오면 '두고 보자'라는 오기가 생겼지.

채점 후에는 틀린 문제를 보충하는 공부를 했어. 예를 들어, 한국사에서 '이 도자기가 어느 시대의 유물인가?'라는 문제를 틀렸다면, 기본서를 보며 각 시대의 도자기에 관한 내용을 모조리 정리하고 암기한 거야.

이처럼 점수를 바로 알 수 있는 모의고사 위주로 공부를 하면 자신감과 오기, 승부욕이 생기기 때문에 공부 흥미를 북돋는 데 도움이 돼. 다만 이것은 흥미 유발용 공부 방법일 뿐이니까 너무 오래 써먹어선 안 돼. 실력을 올리는 공부는 역시 기본서 위주로 기초를 다지는 공부니까.

4. 질문 수첩을 만들어 보자

많은 학생이 일단 교재를 한번 쭉 읽은 다음, 문제를 풀어 보고 점수를 매기는 식으로 공부를 해. 딱히 틀린 방법은 아니지만 이렇게 공부하면 재미를 느끼기가 어려워. 단순히 머릿속에 지식을 쑤셔 넣는 공부는 재미가 없으니까.

공부의 재미란 모르는 것을 알 때 생기는 법이야. 즉, 공부가 재미있으려면 일단 '궁금해하는 시간'이 있어야 해. 교재의 내용을 읽을 때 그냥 읽지 말고 자신에게 질문을 던지며 읽어야 한다는 뜻이지.

책을 읽을 땐 '이건 무슨 뜻이지?' '그럼 이건 어떻게 되는 거지?' 이렇게 질문을 던져 보자. 그러다 보면 그 답을 스스로 찾기 힘든 부분이 생겨. 아무리 고민해도 알 수 없는 부분, 다른 책을 뒤져 봐도 모르겠는 내용을 수첩에 옮겨 적는 거야. 이게 바로 '질문 수첩'이야. 예를 들어, 나는 항등식과 방정식이 잘 구분되지 않을 때가 있었어.

'어차피 둘 다 문자로 되어 있고 등호가 있는 식인데, 도대체 뭐가 다르다는 거지?'

나는 '방정식과 항등식의 차이'라고 수첩에 옮겨 적고 쉬는 시간마다 이 친구 저 친구를 찾아다니면서 물었어. 나보다 공부를 못하는 친구에게 물어보는 것도 마다하지 않았지. 등수는 나보다

공부 열정을 지속시키는 비결

낮지만 특정 내용은 나보다 더 잘 알고 있는 경우도 많았기 때문이야. 아무도 아는 사람이 없으면 교무실로 찾아가 선생님에게 물어보았어. 그러면 결국에는 해결되었지.

'아, 항등식은 문자에 어떤 숫자가 대입되더라도 등호가 성립하고, 방정식은 특정한 숫자를 대입해야만 비로소 등호가 성립하는 거구나!'

이렇게 깨우치게 되니 공부가 너무 재미있었어. 정확히 말하면 공부가 재밌었다기보다는 '몰랐던 걸 알게 되는 것'이 재밌었던 셈이지만. 그러니 의욕이 생기지 않는다면 질문 수첩을 만들어 보는 걸 추천해. 모르는 것이 생길 때마다 즉시 거기에 옮겨 적고, 가지고 다니면서 친구들에게 물어보자. 몇 번만 물어봐도 공부 열정이 되살아나는 효과를 금방 볼 수 있을 거야.

5. 가장 강력하고 중요한 방법

혹시 주위에 게임을 열심히 하는 친구 중에 이렇게 말하는 녀석을 본 적 있니?

"내가 어떤 게임을 하는데 요새 의욕이 나지 않아. 열심히 해도 안될 것 같아 미치겠어."

잘 없지? 공부하는 사람은 의욕을 쉽게 잃어도 게임하는 사람은 그렇지 않아. 이유는 간단해. 게임에서는 내가 노력한 결과가 눈으로 보이니까. 몬스터를 한 마리 잡을 때마다 경험치가 얼마나 올랐는지 보이고, 게임을 얼마나 더 해야 레벨이 오르는지 알 수 있거든. 그래서 항상 재미있고 슬럼프가 찾아오지 않는 거지.

반면 공부는 그렇지 않아. 도대체 실력이 향상되고 있기는 한지, 앞으로 얼마나 더 공부해야 성적이 오르는지 전혀 알 수 없으니 답답해져. 어쩌면 공부란 경험치 상승을 나타내는 그래프가 없는 게임과도 같아. 오늘 내가 단어 100개를 외웠다고 해도 다음 시험에서 점수가 얼마나 오를지, 아니 오르기는 할지 도통 알 수가 없기 때문이야.

하지만 그렇다고 해서 그 시간이 쓸모없는 건 아니야. 당장 눈에 보이지 않을 뿐, 나의 '공부 경험치'는 차곡차곡 쌓여 가고 있거든. 일정한 공부 분량이 채워지면 성적이 빵! 터지는 순간이 반드시 찾아와.

지금까지 나는 의욕을 되살리기 위한 방법들에 대해 조언했어. 그런데 진정한 공부 고수들을 보면 의욕이 없는 자신의 마음 상태를 어떻게든 해결하려 하기보다 '그냥 참아 내는' 사람들이 더 많아.

어쩌면 공부에서 가장 중요한 자질은 그런 인내심이 아닐까? 공부하기 싫어도 참고, 공부를 멈추지 않는 것. 이것이 의욕에 관

공부 열정을 지속시키는 비결

한 마지막 조언이자 내가 가장 힘주어 말해 주고 싶은 부분이야.

그러니 언젠가는 성적이 오르리라는 믿음을 가지고 오늘의 목표에만 충실하길 바랄게. 그러면 어느 날 갑자기 확 오른 성적에 깜짝 놀라게 될 날이 분명 올 테니까.

Q27

친구가 공부하는 게 자꾸 신경 쓰여요

'마거릿 미첼'이라는 이름 없는 작가가 있었어. 이 작가는 소설을 쓰고 있었지. 그러던 어느 날 '스티븐 베네'라는 작가가 자신이 쓴 작품을 읽고 감상을 말해 달라며 미첼에게 보내왔어. 그것은 「존 브라운의 시신」이라는 제목의 미국 남북전쟁을 소재로 한 서사시였지. 마거릿 미첼은 그걸 보고 깜짝 놀랐어. 작품의 완성도가 너무나 훌륭했거든.

문제는 그다음이었어. 방금 읽은 스티븐의 작품과 자신이 쓰고 있던 소설을 비교해 보니, 자신이 쓰던 소설이 쓰레기같이 느껴진 거야. 마거릿은 참담한 기분을 느꼈고 열등감에 빠졌어. 자신이 쓰던 소설 원고를 보며 '이따위 삼류 소설은 누구도 읽지 않을 거야'라고 생각했지. 그래서 자신이 쓰던 원고를 옷장 안에 처박아 버렸어. 그러다 반년이 흐른 뒤 주위의 충고로 마거릿은 처박아 둔 그 원고를 다시 꺼내게 돼. 그리고 1936년, 드디어 원고를 완성했지. 마거릿이 옷장에서 꺼내 완성한 소설이 바로 그 유명한 『바람과 함께 사라지다』야.

1000페이지가 넘는 대작이고 완성하는 데만 10여 년이 걸린 이 작품은 출간된 지 6개월 만에 100만 부가 팔렸어. 출간 다음 해에는 퓰리처상도 받았지. 이 작품을 바탕으로 한 영화는 제12회 미국 아카데미 시상식에서 작품상, 여우주연상, 여우조연상, 감독상 등 8개의 상을 모두 휩쓸었어. 지금도 미국인들은 가장 사랑하는 영화로 〈바람과 함께 사라지다〉를 꼽는다고 해.

만약 미첼이 스티븐과 자신을 비교하는 마음에서 벗어나지 못했다면 어떻게 되었을까? 아마 우리는 한 세기에 있을까 말까 한 그런 위대한 걸작을 만나지 못했을 거야.

남과 비교하는 마음은 나의 성공을 가로막는 가장 강력한 적이야. 우리 주위에는 항상 나보다 머리 좋은 사람, 나보다 예쁘고 잘생긴 사람, 나보다 돈이 많은 사람, 나보다 운동을 잘하는 사람, 나보다 인기가 많은 사람, 팡팡 놀면서도 나보다 공부를 잘하는 사람이 있어. 나보다 잘난 그들은 항상 유령처럼 내 주위를 맴돌며 나를 힘들게 하지.

공부는 자신감이 없으면 잘할 수 없어. 비교하는 마음이 만든 열등감이라는 놈은, 그나마 나에게 조금이라도 남아 있던 자신감마저 서서히 녹여 없애 버려. 스스로 남보다 못하다고 생각하는데 어떻게 '나는 할 수 있다'는 자신감이 생기겠어? 따라서 성적을 올리고 싶다면 이 열등감을 반드시 없애야 해.

사실 남과 자신을 비교하는 마음은 도덕적으로도 옳지 못한 일이기도 해. 왜냐고? 남과 비교해 자신이 못하다고 생각하는 사람은 '공부'라는 가치로 사람의 우열을 판단하고 있다는 말이니까. 자기보다 잘난 사람을 인정한다는 것은 자기보다 못난 사람도 인정한다는 말과 같아. 그래서 비교하는 마음을 가지고 있는 사람은 사실 교만한 사람이 될 위험이 있어.

'열등감'과 '교만'은 비교하는 마음이라는 동전의 양면에 불과해. 열등감에 빠지든, 교만에 빠지든 결국 그 두 가지는 남과 자신을 비교하니까 일어나는 결과일 뿐이야. 그러니 열등감을 가진 사람은 교만하기 쉽고, 반대로 교만한 사람은 열등감에 빠지기 쉬운 거지.

고등학교 2학년 때 우리 반에는 말 그대로 '엄친아'가 있었어.

공부 열정을 지속시키는 비결

한 번 본 건 다 외워 버리고 머리 회전도 빨랐지. 말도 유창하게 잘했고 운동도 너무 잘했어. 게다가 얼굴까지 잘생겼더라. 내가 공부를 못할 때는 그 친구에게 아무런 관심이 가지 않았어. 어차피 나와는 다른 세계의 사람인데 녀석이 잘나든 못나든 나와 무슨 상관이겠어? 그런데 내가 공부를 열심히 하기로 마음먹은 다음부터는 개가 계속 신경이 쓰이는 거야. 나와 비교가 되었지.

나는 영어 지문 하나를 가지고 계속 끙끙대는데 그 녀석은 벌써 영어 공부를 다 끝내질 않나, 나는 고작 수학 한 문제를 풀 때 그 녀석은 모의고사 한 회 분량을 다 풀어 내는 거야. 나는 중학교 수학을 복습하고 있는데, 그 녀석은 벌써 고3 수학을 풀고 있었지.

나는 한동안 개 때문에 공부가 제대로 되지 않았어. 아무리 해도 저 녀석처럼 될 수 없을 것 같았거든. 그러다 어느 날 문득 이런 생각이 들었어.

'어차피 공부란 내가 투자한 만큼 거둬들이는 거 아닌가? 열심히 하면 열심히 한 만큼 가져가는 거지. 뭐, 가끔 자신이 쏟은 노력 이상의 결과를 얻는 저런 천재들이 있겠지만, 쟤는 복권에 당첨된 것과 같아. 부럽긴 하지만 나하고는 아무 상관이 없는 일이야.'

이렇게 생각하고 나니 마음이 한결 편해졌고 공부도 예전보다 더 잘됐어.

혹시 신경 쓰이는 친구가 있니? 그렇다면 너에게 꼭 말해 주고 싶어. 자신에게 눈을 돌리라고. 내가 하는 공부만 바라보고, 내 가능성에만 집중하라고.

어쩌면 공부란 내가 할 수 있는 것에만 몰입하는 그 과정을 배우는 일 같기도 해. 그러니 나보다 잘난 사람, 혹은 나보다 열심히 하는 친구가 있다면 그냥 무시하는 게 답이야. 눈앞의 일에만 집중하다 보면 어느새 걔보다 앞서 있는 너를 발견하게 될 거야.

자신감을
잃어버린 것 같아요

"나를 죽이러 왔나?"

영화 〈인셉션〉에서 백발마저 다 빠질 정도로 늙어 버린 '사이토'가 나지막이 내뱉는 말이야. 그 말을 들은 주인공 '코브'는 작은 팽이를 책상 위에 놓고 돌리는데, 신기하게도 팽이는 쓰러지지 않고 계속해서 돌아가지.

〈인셉션〉은 좀 오래된 영화지만 안 봤다면 꼭 한번 봐봐. 재미있거든. 주인공 코브는 사람들의 꿈속에 몰래 들어가서 잠재의식을 조작하는 전문가야. 그는 사이토와 함께 누군가의 꿈속에 들어가지. 그런데 사고로 인해 사이토가 '꿈속의 또 다른 꿈'으로 빨려

들어간 거야! 사이토를 구하러 코브가 거기까지 따라 들어갔는데, 정작 거기서 사이토는 자신이 꿈속에 있다는 것을 모르고 있었어.

'여기는 꿈이고 당신은 어서 깨어나야 한다'라는 사실을 깨우치기 위해 코브는 팽이를 꺼내서 돌린 거야. 비현실적으로 무한대로 돌아가는 팽이. 그걸 보며 늙은 사이토는 깨닫게 돼. 수십 년 인생이 한낱 꿈이었음을! 현실 세계는 10분밖에 흐르지 않았고 어서 현실로 돌아가야 함을 깨달은 순간, 늙은 사이토는 비로소 꿈에서 깨어나서 젊은 사이토로 돌아오지.

코브가 돌린 이 작은 팽이를 영화에서는 '토템'이라 불러. 쉽게 말해 꿈과 현실을 구별해 주는 도구지. 이게 없으면 꿈속에서 영원히 방황하게 돼. 따라서 토템이란 일종의 '객관적인 증거'야. 내가 누구인지, 이곳은 어디인지를 깨닫게 해주는 도구인 셈이지.

나는 이 영화를 보며 무릎을 쳤어. 공부하는 사람에게도 토템이 꼭 필요하다는 걸 경험으로 알고 있었거든. 좌절감과 열등감이 하루에도 수십 차례 휘몰아치는 이 꿈속 같은 현실에서 나 자신을 흔들리지 않게 붙잡아 주는 '자신감의 토템' 말이야.

우리가 자신감을 잃어버리는 패턴은 항상 똑같아. 성적이 오르지 않거나 계획한 공부를 끝내지 못해서 안 좋은 결과가 생겼을 때 마음속에서 불안감이 솟구쳐. '과연 내가 해낼 수 있을까?' 하는 생각과 동시에 예전의 실패했던 기억들이 잇따라 떠오르지.

공부 열정을 지속시키는 비결

'그때도 성공하지 못했는데 이번이라고 뭐 다르겠어? 괜히 헛된 희망을 품고 되지도 않을 일에 매달리느니, 차라리 포기하고 마음 편하게 사는 게 낫지 않을까?'

마치 끝없는 꿈속에서 길을 잃어버린 늙은 사이토처럼 실낱같은 한 줄기 '희망'을 붙잡고 있는 손의 힘을 빼 버리고 싶은 충동이 불쑥 찾아와. 그럴 때 우리는 스마트폰이나 컴퓨터로, TV로, 친구들과 노는 것으로 도망치곤 해. 하지만 그렇게 도망쳐서 현실을 잊어버리면 어떻게 될까?

단지 그 시간 동안 공부를 안 한 것만 문제가 되는 게 아니야. 그런 식으로 흘려보낸 시간에 대한 후회와 불안 때문에 시간이 흐를수록 더욱 자신감을 상실하는 것이 진짜 문제지. 이제는 공부가 무섭고 시험도 두려워지는 악몽에서 벗어날 수 없게 되는 거야.

만약 이럴 때 흔들리지 않는 자신감의 토템이 있다면 어떨까? 우리는 그것을 통해 힘든 공부를 계속해 나갈 수 있게 돼. 물론 그렇다고 해서 아무런 근거도 없이 자신에게 "아냐, 나는 할 수 있어!"라고 다짐하는 것은, 꿈속에서 "이건 꿈이 아닐 거야"라고 외치는 것과 별반 다르지 않아. 쉽게 흔들리는 가짜 자신감이지. 공부하면서 흔들리지 않는 자신만의 토템을 만들려면 '객관적이고 현실적인 증거'가 필요해. 눈에 똑똑히 보이는 것 말이야. 이제부터 내가 사용한 자신감의 토템들을 소개해 볼게.

204

1. 가끔 의자에 최대한 오래 앉아 보자

공부와 휴식을 짧게 번갈아 하는 방법(예를 들어 40분 공부하고 20분 쉬는 식의 반복)은 상위권 이상 학생들의 공부 방법이야. 걔들은 정말로 집중해서 공부하고, 같은 시간 동안의 공부 분량도 다른 사람들보다 많아서(즉 머리를 많이 쓰면서 공부하기 때문에) 40분만 공부해도 지치거든. 따라서 그때마다 틈틈이 쉬어 주는 것이 효과가 있어. 쉬지도 않고 계속 도끼질을 하는 나무꾼보다 때때로 그늘에 앉아 쉬면서 무뎌진 도끼를 갈아 주는 나무꾼이 나무를 더 빨리 쓰러트린다는 이치와 같아.

하지만 중상위권 이하의 수준이라면 공부의 효율보다 '자신감'을 되찾는 것이 더욱 중요하다고 볼 수 있어. 그런데 내가 얼마나 집중해서 공부했는지를 객관적으로 측정하는 건 불가능해. 그러니 집중해서 공부했다고 하더라도 그 사실이 바로 자신감으로 연결되지는 않지. 대신 '죽을 만큼 힘들었는데 2시간이나 참고 버텼다!' '의자에서 일어나지도 않고 3시간 연속으로 공부했다!' 등의 객관적인 사실은 곧바로 자신감의 토템이 돼.

여기서 오해하지 말아야 할 것이 있어. 나는 몇 시간이고 무조건 죽치고 앉아서 쉬지도 않고 공부하는 것이 효율적이라고 말하는 게 아니야. 단지 평소에는 자기 스타일대로 공부하되, 종종 최대한 버티는 경험이 필요하다는 뜻이지.

예를 들어 100미터 달리기를 연습하는 사람은 100미터만 달리지 않아. 그보다 더 긴 500미터나 1000미터도 달려 보다가, 다시 100미터를 달려 보면 훨씬 쉽고 가깝게 느껴지면서 자신감이 생겨. '이보다 더 힘든 것도 해 봤는데 이 정도쯤이야'라는 마음이 생기는 거지. 이런 식으로 '과거의 객관적인 성공의 기억'이 자신감의 토템이 될 수 있어.

2. 시험 직전에는 일부러 책을 더럽히자

시험이 얼마 남지 않았는데도 깨끗한 채로 남겨져 있는 문제집만큼 자신감을 떨어트리는 것도 없어. 물론 열심히 문제를 풀어서 책이 너덜너덜해졌다면 최고로 아름다운 시나리오겠지만, 우리의 공부 이야기는 안타깝게도 해피엔딩보단 비극적 결말의 시나리오대로 흘러갈 때가 많지.

어떻게 하면 시험을 해피엔딩으로 마무리할 수 있을까? 내가 사용한 방법 중에 추천할 만한 게 있어. 그건 바로 '교재를 최대한 더럽히며' 공부하는 거야. 어떻게 더럽히냐고? 교재의 모든 문장에 연필로 줄을 죽죽 그어 가며 읽는다든지, 혹은 조금이라도 중요한 것 같으면 망설임 없이 형광펜으로 팍팍 칠해 버린다든지, 혹은 별표를 왕만두처럼 크게 그리는 것과 같이 이 책에 내가 공부했다는 생색을 제대로 내는 거야.

이렇게 하는 데는 두 가지 이유가 있어. 첫째는 '자신감'. 시험이 코앞인데 아직도 깨끗한 교재들만 책장에 가득하면 자신감이 뚝 떨어지고 말겠지? 하지만 알든 모르든 일단 교재에 줄도 많이 긋고 각종 표시도 많이 해서 '그래도 이건 내가 공부한 것이다!'라는 일종의 도장을 찍어 두면 이상하게도 자신감이 생기게 돼. 시험에서는 이 자신감이 점수에 큰 영향을 미치지.

두 번째는 '속도'. 이상하게도 시험이 가까워질수록 평소보다 머리가 안 돌아가는 경우가 많아. 긴장감 때문에 문제 푸는 속도도 느려지고 암기도 잘 안되지. 그런데 연필로 줄을 죽죽 그으면서 공부하면 공부의 속도도 거기에 맞춰지게 돼. 머리가 제대로 돌아가지 않을 때도 마지막 정리를 제시간에 끝내는 데 큰 도움이 되지.

이 방법은 시험에서도 응용할 수 있어. 특히 시간이 부족하기 쉬운 수능 국어와 영어의 경우, 이해가 되든 안 되든 연필로 지문에 줄을 죽죽 그으며 읽는 거야. 모든 지문에 줄이 그어진 것을 보며 '어려운 내용이지만 어쨌든 다 읽었다. 이제 나는 문제를 맞힐 수 있다'는 자신감을 얻는 거지. 나는 이 자신감 때문에 원래라면 못 맞혔을 문제도 맞혔던 적이 정말 많아.

공부 열정을 지속시키는 비결

3. 무엇이라도 토템이 될 수 있다

눈에 보이는 거라면 무엇이라도 좋아. 열심히 한 흔적, 혹은 작은 성공의 기념비는 모두 훌륭한 토템이 될 수 있어. ① 실수한 수학 문제를 정리한 포스트잇들, ② 낙서 없이 문제 풀이만으로 너덜너덜해진 연습장을 버리지 않고 가지고 있는 것도 좋지. ③ 또는 계획한 것을 80퍼센트 이상 지키면 달력에서 그날 날짜를 빨간색으로 칠하고, 그렇게 온통 새빨개진 달력을 내 방 벽에 빼곡히 붙이는 것도 좋아. ④ 오답노트가 좋은 것도 부족한 부분을 시험 직전에 되새길 수 있기 때문만은 아니야. 문제집이나 참고서를 반복적으로 보면서 추리고 추린 오답노트가 자신감의 토템 역할을 하는 효과도 있는 거지. ⑤ 또한 나는 문제집의 답을 맞춰 볼 때 맞은 문제는 빨간색 색연필로 해당 문제 전체 크기만큼 큼지막하게 동그라미를 치고는 했어. 반면에 틀린 문제는 까만 볼펜으로 아주 조그맣게 표시했지. 그렇게 표시하면 대부분을 맞힌 것처럼 보여서 점수에 상관없이 자신감이 생겼거든.

꼭 이대로 따라 할 필요는 없지만 이런 식으로 자신만의 토템을 만들어 봐. 그리고 시험 직전에 그걸 꺼내 보면 불안이나 의구심이 사라지고 자신감이 차오를 거야.

시험 부담감이 크고
자꾸 불안해요

예전에 나는 시험 전날이 되면 '망했다'라는 생각에 공부가 손에 잡히지 않았어. 당일에 시험지를 받아 들면 머리가 새하얘지면서 땀이 비 오듯이 쏟아지고 배도 아프고 온몸의 열이 얼굴로 확확 올라왔어. 볼펜을 잡은 손이 덜덜 떨리면서 '이 지옥 같은 순간만 벗어날 수 있다면 뭐든지 할 수 있을 것 같다'라고 생각했지.

하지만 나중에는 달라졌어. 시험이 오히려 기다려졌고 과연 내 실력이 얼마나 향상됐을지, 이번에는 성적이 얼마나 오를지 기대가 됐지. 물론 긴장은 했지만 그 긴장감이 예전과 달랐던 거야. 마치 비행기 게임에서 적기가 발사한 총알을 피할 때의 느낌처럼 기분 좋은 긴장감이었지. 언제부턴가 나는 시험 직전에 더는 소화제나 두통약도 먹지 않았어.

시험이 무섭다고? 미안하지만 이 말을 꼭 해야겠어. 네가 시험을 무서워하는 이유는 준비가 덜 됐기 때문이야. 많은 학생이 준비를 제대로 하지 않은 채 시험 때 느끼는 부담감이나 불안감을 없애는 방법을 묻곤 해. 하지만 제대로 준비하지 않고도 편안한 마음으로 시험을 치를 수 있는 사람은 아마도 공부를 포기한 사람뿐일 거야. 만약 시험 부담감이 너무 커서 이길 수 없을 정도라면 가장 확실한 해결 방법은 평소에 준비를 철저히 하는 것뿐이야.

물론 준비를 완벽히 하는 게 쉽지 않겠지. 게다가 "그렇다면 준비를 제대로 못 한 사람은 시험이 끝날 때까지 불안해도 무조건 참고 있어야만 하나요?"라는 볼멘소리를 할 수도 있어. 그렇다면 준비가 조금 덜 됐더라도 떨지 않고 시험을 치르는 비법들을 몇 개 알려 줄게.

1. 평소에 정답을 미리 표시하고 문제를 풀어 보자

정답을 미리 표시하고 풀면 빠르게 많은 문제를 풀어 볼 수 있어. 다양한 문제 유형들을 단시간에 머릿속에 정리할 수 있지. 이 방법을 시험 직전에 사용해 봐. 그럼 시험 부담감을 줄이는 데 큰 효과를 볼 수 있어.

문제를 풀 때 부담감은 왜 생길까? 틀려서는 안 된다는 강박관념을 갖기 때문이야. 따라서 그 부담감이 너무 크다면 평소에 문제집을 풀 때 문제의 정답을 미리 표시해 봐. 그리고 이 문제의 정답이 왜 이것인지만 고민하고 다음 문제로 넘어가면 부담감이 전혀 없어.

신기한 것은 시험 직전에 이렇게 문제를 풀면 부담 없이 시험을 치를 수 있다는 거야. '뭐야, 비슷한 문제잖아? 이 문제도 아까 내가 푼 문제처럼 이러이러해서 답이 이게 되는 것 아냐?'라는 마음이 생길 거야. 게다가 대부분 문제에서 그 생각대로 답을 쓰면 거의 정답이야.

2. 시험을 치기 전에 새로운 공부를 하지 말자

'내가 미처 공부하지 못한 부분에서 문제가 출제되면 어쩌지?' 하는 불안감은 공부하는 학생이라면 누구나 있을 거야. 하지만 시험 때까지 보지 않은 부분이라면 그걸 시험 직전에 허겁지겁 본다 해도 좀처럼 이해되거나 암기 또는 정리되지 않아. 오히려 시간만 낭비하는 셈이지. 내 경험상 점수를 올리는 포인트는 '분명히 공부했는데 기억이 가물가물한 부분'이야.

정말 쉬운 문제는 공부하든 안 하든 맞히고, 너무 어려운 문제는 공부해도 어차피 틀릴 거야. 그러나 그 사이 애매한 난이도의 문제는 조금만 더 공부하면 정답으로 만들 수 있어. 그러니 시험 직전에는 이런 애매한 부분을 한 번 더 살펴보는 것이 현명한 방법이지.

시험 직전에는 새로운 내용을 공부하지 말자. 내신 시험이라면 일주일 전부터, 수능 시험이라면 한 달 전부터 새로운 부분을 더는 보지 않는 게 좋아. 어차피 이해도 안 되고 머릿속에 제대로 남지도 않아. 그건 안 그래도 불안한 마음을 더욱 걷잡을 수 없게 만들 거야.

모든 시험의 원리는 마찬가지야. 미처 보지 못한 부분을 시험 직전에 공부한다고 점수가 확 오르지는 않아. 단지 봤던 걸 또 보면서, 애매하게 알던 것을 확실하게 앎으로써 점수가 오르는 거지.

3. 내가 공부한 만큼만 성적을 받겠다고 마음먹자

사실 시험에 대해 부담감을 느끼는 건 공부 방법의 문제가 아니라 마음의 문제이기도 해. 바꿔 말하면 마음가짐을 어떻게 가지느냐에 따라 순식간에 해결될 수도 있고 그렇지 못할 수도 있어.

결론부터 말하자면 '어떻게든 성적을 잘 받아야겠다!'라는 마음을 버리는 것이 중요해. 이 말을 의아하게 여기는 사람도 있을 거야. 왜 이런 마음을 버려야 한다는 걸까?

잘 생각해 봐. '부담감'이라는 것은 ① 성적은 잘 받아야 하는데 ② 준비는 그만큼 되어 있지 않다고 느낄 때 찾아오는 현상이야. 그러면 방법은 두 가지뿐이야. 평소에 준비를 착실하게 해서 ②번을 해결하는 전략으로 가든가, 아니면 ①번의 압박감 자체를 없애 버리는 거지.

그런데 '성적을 잘 받겠다는 마음을 버리는 것'이 시험을 포기하라는 말은 절대 아니야. 그보다는 딱 공부한 만큼의 성적만 받겠다는 마음을 의미해. 즉 '반드시 잘 쳐야지'라는 마음도 아니고, '이번 시험은 포기해야지'라는 마음도 아닌, 그 중간의 마음가짐이랄까? 내가 제대로 준비하지 못한 부분에 대한 성적 하락은 원통하지만 감수하겠다는 마음이지.

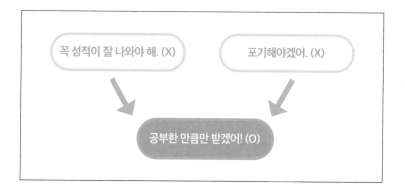

공부 열정을 지속시키는 비결

이런 마음을 가지는 것이 '어떻게든 성적을 올려야 해'라고 생각하는 것보다 장기적으로 나에게 더 이익이야.

공부란 인생의 여러 길 중 하나일 뿐이야. 시험도 단지 내 실력이 어느 정도인지 확인하는 이벤트일 뿐 그 시험 한 번으로 인생이 결정되지는 않아. 중간고사가 끝나면 기말고사가 있고, 내신이 결정돼도 수능이 있으며, 수능 이후에도 여러 가지 성공의 기회들이 많이 있어.

그러니 나는 네가 좀 더 편안한 마음으로 시험을 쳤으면 좋겠어. 시험 점수가 그 사람의 삶을 좌우하는 게 아니라 시험을 준비하고 치르는 과정에서 키워 온 성실함과 인내심이 결국 그 사람의 삶을 좌우하는 거라고 나는 생각해.

혹시 준비가 덜 됐니? 그래서 이번 시험은 성적이 잘 안 나올 것 같아? 어쩔 수 없어. 준비가 덜 됐는데 성적을 잘 받겠다는 마음은 날로 먹겠다는 심보니까. 그래도 끝날 때까지 최선은 다해 보렴. 만약 억울하고 분하다면 그 마음을 그대로 간직했다가 다음 시험을 준비할 때 쏟아부으면 돼.

시험이 끝났으니 "우와! 이제 해방이다!"라며 친구들과 놀러 가는 학생이 있어. 나는 네가 그러지 않았으면 해. 시험이 무섭다며? 원하는 성적이 안 나와서 억울하고 분하다며? 그렇다면 너를 그렇게 무섭고 불안하게 했던 그 시험을, 다음에는 어떻게 해야 정복할 수 있을지 시험이 끝난 뒤에 단 한 시간이라도 생각해 봐야 하지 않을까?

시험이 끝나도 놀지 말고 공부만 하라는 뜻이 아니야. 단 한 시간이라도 다음 시험을 위한 시간을 가져 보라는 거지. 만약 이런 자세로 공부하는 사람이라면 머잖아 시험은 더는 무서운 시간이 아니라 즐거운 휴일이 될 거야. 믿어도 돼. 내가 그랬거든.

"수업을 잘 듣고 문제집만 많이 풀어도 어느 정도 성적은 올라. 그러나 최상위권이 되고 싶다거나 만점을 받겠다는 꿈이 있다면 공부에 대한 전혀 다른 접근이 필요해. 그건 암기만으로 되는 게 아냐. 만점을 받으려면 공부를 시작할 때부터 체계적으로 실력을 쌓아야 하고, 특히 수학과 국어는 반드시 정복해야 하지. 어려울 것 같아? 아니야. 지금부터 내가 알려 주는 방법대로 하면 절대 어렵지 않아."

7장 과목 관리

주요 과목에서 만점을
받는 법

뭘 어떻게 공부해야 할지
모르겠어요

막상 공부를 해 보려는데 뭘 어떻게 해야 할까? 그냥 교과서를 펼쳐 놓고 쭉쭉 읽어 나가면 되는 걸까? 암기부터 해야 하나?

공부에는 순서가 있어. 이것은 내신 시험부터 수능 그리고 심지어 운전면허 시험에 이르기까지, 모든 공부에 공통으로 적용되는 원리야. 이제부터 그 순서를 차례로 살펴보자.

1. 목차부터 개관하자

책을 편 다음 가장 먼저 해야 할 일이 뭘까? 바로 목차를 보는 거야. 목차는 공부의 뼈대와 같아. 목차 없이 공부하게 되면 머릿속에 넣은 단편적인 지식이 여기저기 흩어져 버려. 그래서 문제를 풀 때 그 지식을 떠올리려 해도 내용이 잘 기억나지 않지. 그러니 목차를 보는 건 내가 공부해야 할 큰 틀을 미리 확인하는, 모든 공부의 첫걸음인 셈이야.

그렇다면 목차는 어떻게 공부해야 할까? 딱히 '공부'라는 표현까지 쓸 필요도 없어. 그냥 목차를 펼쳐 놓고 지금부터 무엇을 배우게 되는지 '확인'만 하면 되거든.

공부를 시작할 때 1분만 목차를 읽어 봐. 공부의 효율이 훨씬 높아질 거야. 또 공부를 시작할 때뿐 아니라 공부를 하는 도중에도 계속 목차를 살피면서 내가 지금 어느 부분을 공부하는지 계속 확인하는 것이 좋아.

2. 내용을 정확히 이해하자

이해는 공부 과정에서 가장 중요한 부분이라고 할 수 있어. 만약 이해를 못 했는데도 '이건 그냥 외워 버리자'는 식으로 넘어가면 그때부턴 공부가 정말 재미없어지게 돼.

물론 이해하려고 마음먹는다 해도 저절로 이해되는 건 아니겠지. 깊게 이해하면서 공부를 하려면 두 가지가 필요해. 첫째가 '질문 던지기', 둘째는 '한계 설정'이야. 이게 뭔지 차근차근 설명해 볼게. 쉬운 예를 들어 보자.

자동차를 운전할 때 커브길은 천천히 돌아야 한다.

이 문장의 뜻을 이해했니? 그렇다면 다음 두 문장 중에서 어느 것이 옳을까?

1. 커브길에서는 속도를 낮춰야 한다.
2. 커브길에서는 속도를 올려야 한다.

망설임 없이 1번, '속도를 낮춰야 한다'를 정답으로 골랐다면 아직 첫 문장을 정확히 이해하지 못한 거야. 무슨 말이냐고? 커브길을 천천히 돈다는 것과 커브길에서 속도를 낮춘다는 말은 전혀 다른 말이기 때문이지. 생각해 봐. 커브길에서 속도를 낮춰야 한다는 말은 지금은 속도가 빠르다는 뜻 아니야? 그럼 그건 천천히 도는 게 아니지.

속력이 충분히 떨어진 상태로 커브길에 진입해야 하고, 그 후 천천히 속력을 올리면서 돌아야 하지. 따라서 정답은 2번인 거야. 어때? 이처럼 어떤 문장을 완벽히 이해하려고 노력하지 않으면 심지어 원래의 뜻과 정반대로 이해할 수도 있는 거야.

좀 전에 나는 '질문 던지기'와 '한계 설정'이 필요하다고 말했어. 이게 무슨 말이냐면 '커브길은 천천히 돌아야 한다'라는 문장을 보면서 '그럼 속도를 올리라는 말이야, 내리라는 말이야?'라는 질문을 던질 줄 알아야 한다는 거야. 즉 내가 보고 있는 문장이 어디까지 설명하고 있는 문장인지, 그 '한계를 정확히 설정'해서 받아들여야 한다는 거지. 이것이 제대로 이해하는 방법이야.

예를 하나 더 들어 볼게. 4의 약수의 총합은 얼마일까? 4의 약수는 1, 2, 4 이렇게 3개니까 그걸 더하면 $1 + 2 + 4 = 7$, 그래서 정답은 7일까? 그렇지 않아. 약수라는 것은 다른 수와 곱해서 그 수가 되는 숫자야. 그러니까 $1 \times 4 = 4$이기 때문에 1과 4는 4의 약수이지. $2 \times 2 = 4$도 성립하기 때문에 2도 4의 약수야. $-2 \times (-2) = 4$의 식도 성립하기 때문에 -2도 4의 약수가 돼. 즉, 음수도 약수가 될 수 있는 거야. 그러니 4의 약수들의 총합은 7이 아니라 0이야. 그래서 수학 문제를 보면 항상 '양의 약수'의 총합을 구하라는 식으로 문제가 나오는 거야.

따라서 모든 것에 질문을 던지는 자세로 공부해야 해. 예컨대 양의 약수라는 말을 볼 때도 아무 생각 없이 그냥 넘어가지 말고, '왜 굳이 양의 약수라는 말을 쓰는 거지?'라고 궁금해해야 한다는 뜻이야. 그럴 때 비로소 '그렇다면 음의 약수도 존재한다는 건가?'

라는 생각이 들게 되고, 그 궁금증을 해결하려고 책을 뒤적이거나 친구 또는 선생님께 물어본 뒤에는 '아하, 그렇구나. 내가 이때까지 약수의 개념을 잘못 알고 있었네!'라는 식으로 제대로 이해하게 돼.

따라서 공부를 할 때마다 '왜 하필 저런 말을 쓰는 거지?'라는 질문 던지기를 자주 해야 해. 그래야 그 지식이 무엇을 뜻하는지 한계를 명확히 설정해서 이해할 수 있지.

3. 이해한 내용을 정리하자

한번 이해했다고 해서 그것이 시험 때까지 유지되지는 않아. 이해는 '지금' 된 것일 뿐, 시간이 지나면 또다시 이해가 안 되는 경우가 많거든. 좌절하지 않아도 돼. 사람은 누구나 그러니까 '내 머리가 나쁜가?' 생각할 필요는 전혀 없어.

만약 오늘 원소와 원자의 차이를 공부했다 치자. 그대로 공부를 끝내면 안 돼. 다음에도 쉽게 이해할 수 있도록 두 개념의 차이에 대해서 한 줄 설명을 적어 둔다든가 도표 또는 그림을 그려 두는 식으로 방금 이해한 내용을 정리해야 해. 그래야 나중에 새로 이해하기 위해 시간을 또다시 들이는 수고를 줄일 수 있어.

주요 과목에서 만점을 받는 법

4. 암기를 통해 사고력의 기초를 만들자

흔히들 '암기보다 사고력과 창의력이 중요하다'라고 말하곤 해. 그러나 암기가 되어 있지 않으면 사고력과 창의력도 생기지 않아. 예를 들어 보자. 삼국시대의 지방 세력가는 '촌주'이고, 고려와 조선의 지방 세력가는 '향리'라는 사실을 일단 암기해야만 '어라? 향리와 촌주는 비슷한 말 같은데, 서로 다른 개념인가?'라는 심도 있는 의문이 생기거든.

고득점의 비결은 바로 그런 의문에 있어. 암기하면서 생기는 궁금증을 해소하려고 조금 더 공부해 보니 '아하. 고려 시대와 조선 시대의 향리는 이름이 같지만, 권한과 지위가 완전히 달랐구나!'라는 깨달음을 얻으면서, 사고력을 요구하는 고난도 문제도 쉽게 맞히게 되는 거지.

5. 다양한 문제 풀이를 해 보자

지식을 이해 및 정리하고 암기하는 것까지 끝냈다면 마지막으로 다양한 문제를 풀어 봐야 해. 간혹 암기와 정리에만 치중하는 학생들이 종종 있는데, 그렇게 하면 공부하는 것에 비해 성적이 잘 나오지 않는 경우가 많아. 문제를 많이 풀어 보지 않으면 머릿속에 지식은 많이 들어 있는 것 같아도 정작 점수로 잘 연결되지 않지. 시험에서는 문제 풀이 요령이 중요한데 이 요령이라는 것도 결국에는 많은 문제 풀이를 통해서 자연스럽게 길러지는 거야.

어떤 공부든 이 다섯 가지 순서대로 차근차근히 해 나가면 돼. 그럼 결국 완전히 정복될 거야.

읽으면서 공부하면
잡생각이 들어요

공부하는 사람들이 가장 흔히 사용하는 공부 방법은 '읽기(Reading)'야. 팔짱을 끼거나 볼펜을 돌리면서 교재를 쭉쭉 읽어나가는 방법이지. 이렇게 공부하면 '눈알'만 움직여도 진도를 빠르게 나갈 수 있어. 하지만 이러면 처음엔 잠깐 집중될지 몰라도, 시간이 지나면서 슬슬 잡생각이 들기 시작할 거야. 가끔은 아예 꿈나라로 가 버릴 때도 있고.

잡생각에 빠져드는 것을 막고자 읽기를 보완한 공부 방법이 '쓰기(Writing)'지. 연습장을 펼쳐 놓고 뭔가를 쓰면서 공부하는 거야. 이 방법은 읽기보다는 나아. 아무래도 손이 놀지 않고 뭔가를 쓰고 있으면 확실히 잡생각은 덜 하게 되니까. 따라서 이 방법은 일부 하위권 학생들에게는 꽤 효과가 있어.

하지만 잘 생각해 봐. 손으로는 영어 단어를 수십 번 쓰고 있어도, 막상 머리로는 다른 생각을 하고 있을 때가 많지? 아무 생각 없이 쓰고 있다가 '헉! 내가 언제 단어를 이만큼이나 썼지?'라며 깜짝 놀랐던 적도 있었을 거야. 이렇듯 뭔가를 쓴다고 해서 무조건 집중이 되는 것은 아니야. 오히려 골똘히 생각해야 하는 부분에서는 쓰기가 집중을 방해할 수도 있어. 그럼 이럴 땐 어떻게 해야 할까? 제일 좋은 방법은 바로 'Self Communication'이야. 쉽게 말해 자기 자신과 대화를 하는 거지.

'대화'라는 작업은 머릿속에 있는 공간을 꽤 많이 차지하는 일이야. 예컨대 친구와 대화를 하고 있는데 엄마한테 전화가 온다면 어떨까? 아마 둘 다 동시에 하기는 힘들겠지? 그래서 우리는 친구에게 "잠깐만, 전화 좀 받고"라고 말한 다음 엄마와 전화 통화를 해. 만약 우리가 대화의 이러한 속성을 공부에 적용한다면 쉽게 집중할 수 있어. 또 다른 자신을 머릿속에 만들어서 서로 대화하는 거지.

"삼각형을 이루는 세 직선에서 같은 거리에 있는 점의 개수를 구하래."

주요 과목에서 만점을 받는 법

"삼각형이 나오고 무슨 점을 구하라고 하면 보통은 외심, 내심 뭐 그런 거 아닌가?"

"그렇겠지. 그럼 외심부터 생각해 보자. 외심이 한 각의 이등분선의 교점이던가?"

"그건 외심이 아니라 내심이잖아, 이 멍청아!"

이런 식으로 머릿속으로 자신과 대화하면서 공부하면 머릿속은 이미 꽉 차게 돼. 집중할 수 있는 거지. 만약 대화하지 않고 혼자서 책의 내용을 쭉쭉 읽어 나가면, 나도 모르는 사이에 잡생각에 빠져 버리는 경우가 많아.

'빠져 버린다'라는 말은 자기 스스로 잡생각을 하고 있다는 것을 모르고 있다가, 어느 정도 시간이 흐른 뒤에야 '어라? 지금 내가 공부 안 하고 뭐 하고 있지?' 하고 눈치챈다는 뜻이야. 하지만 대화를 하면서 공부하면 잡생각이 머릿속에 들어오는 순간 바로 알아차릴 수 있어.

"외심부터 대입해 보자. 야! 외심의 뜻이 뭐였지?"

"오늘 저녁 드라마는 마지막 회라는군."

"어라, 이 녀석 누구야? 네가 외심에 대해서 빨리 말하지 않으니까 엉뚱한 놈이 우리 대화에 끼어들잖아!"

"아! 미안해! 외심은 삼각형 세 변의 수직이등분선이 만나는 점이야!"

이렇게 공부하면 이렇게 잡생각이 들더라도 그 즉시 차단해 버릴 수 있어.

한편, 단순 암기 공부를 할 때는 방금 말한 자기와의 대화 방법이 적절하지 않을 때도 있어. 그게 무슨 말이냐고? 예를 들어, 한국사 교재에 다음과 같은 내용이 있다고 치자.

각 나라의 제천행사

1. 부여: 12월에 '영고'
2. 고구려: 10월에 '동맹'
3. 동예: 10월에 '무천'
4. 삼한: 5월에 '수릿날' 10월에 '계절제'

이런 내용을 공부할 때 스스로 대화를 한다면 어떻게 될까?

"야야! 부여는 12월에 영고를 열었대."

"음……. 그래? 음."

이렇듯 대화가 잘 이어지지 않겠지? 12월에 영고라는 제천행사가 있었다는 문장은 그냥 그렇다는 사실을 외워야 하는지라 딱히 대화할 거리가 없어. 그럼 이럴 때는 어떻게 집중해야 할까? 물론

주요 과목에서 만점을 받는 법

방법은 있어. 일단 교재의 문장을 하나 읽는 거야. 그런 다음 볼펜으로 가려 둔 채 방금 읽었던 문장을 머릿속으로 천천히 떠올려 봐.

'부여는 12월에⋯⋯. 음⋯⋯. 영, 영천? 아니, 영맹? 뭐였더라? 아! 맞다. 영고!'

이런 식으로 읽고 가리고 떠올려 보고. 읽고 가리고 떠올려 보고 한 줄씩 해 나가는 거야. 실천해 보면 알겠지만 불과 1초 전에 읽은 내용인데도 가리고 떠올리는 건 꽤 힘들어. 하지만 그렇기에 효과가 확실해. 머리를 열심히 굴려야 하기에 잡생각이 들어올 틈이 없거든. 또한 모든 개념을 머릿속으로 음미하면서 넘어가기 때문에 깊이 있는 공부가 되어 상당히 효율적이지.

만약 눈으로 슬쩍 보기만 해도 곧바로 암기된다거나 그 문장의 깊은 뜻을 이해할 수 있다면 굳이 이렇게 하지 않아도 좋아. 하지만 나는 그 정도로 머리가 좋은 학생은 서울대에서도 본 적이 없었어. 그 대신, 마치 옆에 있는 귀신과 대화라도 하는 것처럼 혼자 중얼거리면서, 볼펜으로 책의 문장을 가렸다가 뗐다가 하는 서울대생들은 수도 없이 많이 만나 봤지.

국어를 어떻게 공부해야 할지 모르겠어요

내신 국어 성적이 잘 안 나온다는 학생이 간혹 있어. 그런 경우 아래의 순서대로 공부해 봐.

1. 기출문제를 먼저 보자

이 말은 단순히 기출문제를 풀어 보라는 게 아니야. 교과서나 자습서를 공부하기에 앞서 기출문제를 '먼저' 봐야 한다는 뜻이지. 그게 핵심이야. 기출문제를 먼저 보지 않으면 무엇이 중요한지 모르는 상태에서 공부하느라 공부 시간이 끝도 없이 길어지게 돼. 기출문제를 보면서 '아, 이런 게 시험에 나오는구나'라고 염두에 둔 후에 비로소 교과서나 자습서를 보는 게 좋아. 그래야 짧은 시간 동안 중요 내용 위주로 강약을 조절하면서 공부할 수 있으니까.

만약 내신 시험 기출문제를 구하기가 어렵다면 해당 교과서의 '평가문제집'을 보는 것도 좋아. 우리 학교 시험도 이것과 비슷하게 출제된다고 가정하고 보는 거지. 물론 이때도 실제로 풀어 보라는 것은 아니고 문제만 쭉쭉 읽으면서 '아하, 이런 식으로 묻는다 이거지?'라는 정도로 감만 잡으면 돼.

2. 교과서 지문을 여러 번 정독하자

내신 시험은 교과서 지문에서 대다수의 문제가 출제될 수밖에 없어. 따라서 교과서 지문을 여러 번 읽는 것은 시험 준비에서 필수적인 과정이야. 다만 어떻게 읽느냐가 정말 중요해. 이에 대해 내가 하고 싶은 조언은 '무언가를 찾으면서 읽어야 한다'는 거야.

예를 들어 각 문단의 주제가 무엇인지 생각해 보며 읽는다거나, 핵심 어휘나 연결사에 동그라미를 치며 읽는다거나, 주제와 그것을 뒷받침하는 근거를 찾아 가면서 읽는다거나 하는 식이지. 이렇게 뭔가를 찾으면서 읽어야 머릿속에 책의 내용이 조금이라도 남게 돼. 그러지 않고 그냥 눈으로 활자를 훑기만 하면 어느새 집중력이 떨어지고 슬슬 잠이 올지도 몰라. 연결사든 필자의 근거든, 무언가를 지문 속에서 찾는다는 행위 자체가 집중도를 높여 주고 교과서의 내용을 더 오랫동안 머릿속에 남게 해 주거든.

3. 자습서는 과감히 밑줄을 그어 가며 읽자

"어차피 자습서 속에 교과서가 있으니, 교과서는 넘어가고 그냥 자습서만 보면 되지 않을까요?"라고 묻는 학생이 있어. 하지만 내 생각은 달라. 교과서를 읽으면서 뼈대를 세워 놓아야 자습서도 빨리 볼 수 있거든. 교과서에 무슨 내용이 있는지, 나에게는 어떤 부분이 어려웠는지 대략이라도 생각한 뒤에 자습서를 보면 필요한 부분만 골라 볼 수 있어 전체 공부 시간이 오히려 줄어들지.

또 하나 말해 주고 싶은 것은 자습서를 읽을 때는 반드시 밑줄을 그어 가면서 읽으라는 거야. 그 이유는 시험 직전에 해당 부분을 쉽게 반복하기 위해서야. 지금은 자습서의 내용이 이해되고, 머릿속에도 남아 있겠지만 책을 덮는 순간 대부분이 머릿속에서 사라지게 돼. 그러면 그 방대한 분량을 시험 전에 다시 읽어야 하는데 그때는 시간이 부족해지지.

그러니 '다른 건 다 잊어버려도 이것만은 시험 직전에 꼭 봐야겠다!'라는 생각이 드는 부분에 반드시 밑줄을 그어 두어야 해. 그

주요 과목에서 만점을 받는 법

래야 시험 기간에 한결 편하게 마무리 정리를 할 수 있어.

4. 문제의 패턴을 파악하며 문제집을 풀자

자습서를 끝낸 다음에는 문제집을 풀어야겠지? 이때 주의해야 할 점이 있어. '왜 이런 문제를 냈을까?' 하는 의문을 항상 가져야 한다는 거야. 국어 공부에서는 특정한 지식보다는 '문제의 패턴'이 더 중요하다고 할 수 있어.

예를 들어 어떤 시에서 특정 부분을 밑줄 그어 놓고서 '밑줄 친 시어와 같은 역할을 하는 것은?'이라는 문제가 나왔다고 하자. 그렇다면 실제 시험에서도 특정 시어의 역할을 묻는 유형의 문제가 나올 수 있어. 즉 문제의 패턴이 반복된다는 말이야. 평소에 그런 문제가 나올 때마다 답을 찾는 연습을 반복해서 숙달해 두어야 하는 이유지. 따라서 단순히 답만 찾고 넘어갈 것이 아니라 각각의 문제 패턴에 따라 내가 어떻게 사고해야 하는지, 그 '과정'을 기억해 두는 것이 좋아.

평소에는 이 순서에 따라 공부하면 되고, 시험 때는 시간이 허락하는 한 이 과정을 여러 번 반복하는 것이 내신 국어 공부의 요령이야. 공부하면서 표시해 놓은 중요 부분, 밑줄 친 내용, 별표를 쳐 둔 틀린 문제들을 특히 유념하면서 반복하면 돼. 이것만 잘 실천해도 대개 90점 이상은 나올 수 있어.

하지만 만점은 또 달라. 그를 위해서는 특별한 공부 방법이 필요하거든. 이어지는 내용에서 그 '특별한 공부법'을 구체적으로 소개할게.

주요 과목에서 만점을 받는 법

문제집을 많이 풀어도
수능 국어 점수가 안 올라요

나는 내신 국어는 결국 암기 과목이라 생각해. 수업에 충실하고, 열심히 필기하고, 관련 문제집도 많이 풀어 보면 점수가 꽤 잘 나와. 그런데 '수능 국어'는 완전히 성격이 달라. 이건 암기로 대비할 수 있는 게 아니야. 독해력과 사고력이 필요한 시험이지. 그래서 입시에서는 의외로 수능 국어 성적으로 합격과 불합격이 결정되기도 해. 나 역시 수능 국어 성적이 안 올라서 정말 많이 고생했어. 하지만 나중에는 실전에서 만점을 받았지. 이제 그 비결을 알려 줄게.

일단 다음 문제를 풀어 보자. 반드시 배경지식이 있어야만 풀

수 있는 문제는 아니니까 천천히 읽으면 누구나 정답을 찾을 수
있을 거야.

※ 다음 시를 읽고 물음에 답하시오.

고향

_백석

나는 북관(北關)에 혼자 앓아 누워서
어느 아츰 ㉠ 의원(醫員)을 뵈이었다
의원은 여래(如來) 같은 상을 하고 관공(關公)의 수염을 드리
워서
먼 옛적 어느 나라 신선 같은데
새끼손톱 길게 돋은 손을 내어
묵묵하니 한참 맥을 집더니
문득 물어 고향이 어데냐 한다
평안도 정주라는 곳이라 한즉
그러면 아무개씨 고향이란다
그러면 아무개씰 아느냐 한즉
의원은 빙긋이 웃음을 띄고
막역지간(莫逆之間)이라며 수염을 쓴다
나는 아버지로 섬기는 이라 한즉

주요 과목에서 만점을 받는 법

의원은 또다시 넌즈시 웃고

말없이 팔을 잡어 맥을 보는데

손길은 따스하고 부드러워

고향도 아버지도 아버지의 친구도 다 있었다

물음. 위 시에서 밑줄 친 ㉠과 유사한 기능을 하는 것을 아래 〈보기〉에서 고르면?

〈보기〉

그리스 신화에 나오는 영웅 ① 테세우스는 미궁으로 들어가 비밀의 방에 이르고자 한다. 비밀의 방에는 인간을 잡아먹는 괴물 ② 미노타우로스가 있다. 미궁을 통과하는 길은 복잡하게 얽혀 있어 한번 들어가면 길을 잃기 십상이다. 미궁으로 들어가는 문은 누구에게나 보이는 것이 아니다. 들어가고자 하는 사람에게만 존재하고 열리는 문이다. 테세우스는 ③ 미궁의 문을 찾아 실 끝을 미궁의 문설주에 묶어 놓은 뒤 자신의 예지와 본능으로 미로를 더듬어 ④ 비밀의 방에 이른다. 테세우스는 괴물을 죽인 후 ⑤ 실을 따라 무사히 밖으로 나온다. 이 '미궁의 신화'는 문학 예술 작품에서 다양하게 변형되어 사용되기도 한다.

어때, 정답을 찾았니? 이 문제는 실제 수능 문제인데, 당시 복수 정답 시비로 전국을 시끄럽게 했던 유명한 문제야. 자, 이 문제를 푸는 과정에서 떠오르는 생각의 흐름을 정리해 보자.

생각 1. 위 시에서 밑줄 그어진 '의원'의 역할이 뭘까?

생각 2. 화자는 지금 고향과는 멀리 떨어진 곳에서 병을 앓고 있어. 아는 사람도 거의 없을 외로운 곳에서 화자는 우연히 아버지의 오랜 친구를 만나게 되는데, 그가 바로 의원이야. 즉 화자는 의원을 통해 아버지와 고향을 느끼고 있고, 그렇다면 의원은 화자를 고향으로 연결해 주는 일종의 관문 역할을 하는 게 아닐까?

생각 3. 따라서 〈보기〉에서 그런 관문의 역할을 하는 것을 찾으면 ③번 미궁의 문이겠지. '미궁의 문'은 미궁 안과 밖을 연결하는 역할을 하고 있으니까.

이처럼 국어 문제를 푼다는 것은 세 단계로 이루어져. 첫째, 무엇을 묻고 있는지 파악하는 것(논점 추출). 둘째, 내가 정답으로 생각하는 것이 무엇인지 결정하는 것(입장 정리). 셋째, 내 입장의 근거를 대는 것(논거 제시). 이 세 단계를 위의 문제에 적용하면 다음의 흐름이 되는 거야.

1. 이 문제는 시에서 의원의 역할을 하는 것이 보기에서는 무엇인지 묻고 있다. (논점 추출)
2. 나는 정답을 ③번 '미궁의 문'이라고 생각한다. (입장 정리)
3. 왜냐면 미궁의 문은 미궁 안과 밖을 연결하고 있고, 시에서도 의원이 고향과 화자를 연결하고 있으므로 같은 기능을 수행하고 있기 때문이다. (논거 제시)

대부분 이런 과정을 거쳐서 정답에 이르렀을 거야. 그런데 위 문제를 풀면서 다르게 생각하는 학생들이 있었어. 그 학생들의 생각은 다음과 같았지.

1. 이 문제는 시에서 의원의 역할을 하는 것이 보기에서는 무엇인지 묻고 있다. (논점 추출)
2. 나는 정답을 ⑤번 '실'이라고 생각한다. (입장 정리)
3. 왜냐면 '실'은 미궁 안과 밖을 연결해 주는 매개체가 되고 있고, 시에서도 의원이 고향과 화자를 연결하고 있으므로 같은 기능을 수행하고 있기 때문이다. (논거 제시)

과연 이 생각도 옳을까? 내가 보기엔 꽤 설득력이 있어. 당시 시험 문제를 낸 한국교육과정평가원에서는 ③번을 정답으로 발표했어. 그런데 서울대학교 교수를 비롯한 많은 학생과 전문가들이 위와 같은 이유로 "⑤번도 정답이 된다!"라고 주장했지. 결국, 한국교육과정평가원은 ③번과 ⑤번 모두를 복수정답으로 인정하게 됐어. 왜냐면 ⑤번을 정답이라고 주장하는 사람들의 근거도 설득력이 있었으니까. 요컨대 설득력 있는 근거를 댈 수만 있다면 이미 발표된 수능 정답도 바뀔 수 있는 거지. 이게 수능 국어라는 과목이야.

결국 수능 국어 실력은 내가 결정한 정답에 대한 근거를 찾는 능력을 의미해. 이건 암기로 해결할 수 있는 것도 아니고, 문제집만 푼다고 되는 것도 아니지. 그럼 어떻게 해야 그 능력을 높일 수 있을까?

그건 평소 자신의 선택에 근거를 대는 연습을 하는 거야. 수능 국어 문제를 풀 때 '이게 정답일 것 같은데?'라는 생각으로만 정답을 표시하면 안 돼. 그보다 한 단계 더 나아가야 해. '나는 이러이러한 이유로 이게 정답이라고 생각해. 나머지는 이러저러한 이유로 정답이 될 수 없어.' 이런 식으로 나만의 근거를 갖추고 정답을 결정해야 하는 거야.

그 근거가 꼭 해설지에 있는 것과 똑같아야 할 필요는 없어. 내 나름대로 근거를 생각해 본다는 그 자체가 중요하니까. 그렇게 고민하는 시간만큼 수능 국어 실력이 높아진다고 보면 돼. 만약 근거를 갖춰서 정답을 결정했는데도 틀렸다면? 그때가 수능 국어

주요 과목에서 만점을 받는 법

실력을 올릴 절호의 기회야. 해설을 읽으면서 내 근거가 왜 타당하지 않다는 건지, 내가 오답이라고 생각했던 것이 오히려 정답인 근거는 무엇인지 살펴보는 거야.

그때 우리는 충격을 받게 되지. 내가 타당하다고 생각했던 근거가 사실은 이런저런 이유로 타당하지 않다는 것을 깨닫게 되거든. 내가 뭔가 잘못 생각하고 있었고, 그 생각 패턴이 습관처럼 자리 잡았다는 것도 깨닫게 돼. 수능 국어에서 만점 받는 비결은 이런 깨달음을 꾸준히 쌓아 가는 거야.

물론 이렇게 하면 평소보다 문제를 푸는 시간이 조금 더 걸릴지 몰라. 예전에는 그저 '이게 정답 같은데?'라는 식의 일종의 '감'으로만 문제를 풀었다면 이제는 그 근거까지 생각해야 하니까. 하지만 단언컨대 이게 가장 빠른 길이야. 아무리 문제집을 많이 풀어도 오르지 않던 수능 국어 점수가 이렇게 공부하니까 비로소 만점이 되더라고.

다른 과목은 괜찮은데 영어 성적이 낮아요

대부분의 학생이 영어를 공부할 때는 ① 단어를 많이 외우거나, ② 내신 시험을 위해 교과서의 지문을 달달 외우거나, ③ 수능을 위해 독해 문제집을 많이 풀곤 해. 딱히 틀린 방법은 아니야. 다만 그것만으로는 부족해. 영어를 완전히 정복하고, 만점까지 받고 싶다면 지금부터 말하는 세 가지를 꼭 기억해야 돼.

1. 방학 때 다음 학기에 배울 단어들을 미리 해치우자

방학이 되면 일단 다음 학기 자습서를 준비해. 거기 보면 지문에 등장하는 단어들이 잘 정리되어 있거든? 그걸 방학 내에 모조리 암기하는 거야. "굳이 그걸 방학 때 해야 해요? 그냥 학기 중에 해도 되잖아요?"라고 말할 수도 있어. 그런데 이게 영어 만점을 받는 비결인 이유가 있어.

영어 공부 시간의 절반 이상이 단어를 외우는 데 소요돼. 그런데 그걸 방학 때 해치우면 어떨까? 그렇다면 학기 중이나 시험 기간에는 시간이 남겠지? 단어가 아닌 다른 부분에 집중할 수 있어. 예컨대 교과서 지문을 암기한다든가, 문법 개념을 조금 더 다진다든가 하는 식으로 말이지. 즉 단어를 미리 해치우는 것만으로도 다음 학기 영어 시험에서 나는 남들보다 두 배의 준비 시간을 갖는 셈이야. 그러니 점수가 안 올라갈 리 없겠지?

2. 하루에 한 지문을 10번씩 크게 소리 내서 읽자

영어는 사실 배우기가 어려운 언어야. 일본어의 경우 문법 구조가 우리나라 말과 같아서 배우기 쉽지만, 영어는 그렇지가 않거든. 어순도 완전히 다르고, 관사니 전치사니 우리말에는 없는 문법 요소들도 많아. 그러니 초심자가 접근하기 쉬운 언어는 절대 아니지.

영어를 정복하려면 무조건 입 밖으로 소리 내서 말해 봐야 돼. 매일 독해 지문 하나를 정해서 큰 소리로 읽어 봐. 10번씩 읽어.

문장 하나씩 외우는 것도 너무 좋은 방법이지. 이런 훈련을 매일 매일 하다 보면 나중에 수능 독해도 너무 쉬워져.

3. 단기간에 끝낼 생각을 하지 말고, 습관처럼 매일 공부하자

영어는 언어고, 언어는 습관이야. 다른 암기 과목처럼 일정 기간에 정복할 수 있는 과목이 아니지. 그러니 영어 공부는 매일 한다고 생각해야 해. 단어는 자투리 시간에 외우고, 독해는 한두 지문이라도 말 그대로 '매일' 공부해야 해. 그런 하루하루가 쌓이면 영어도 결국 만점이 나올 거야.

주요 과목에서 만점을 받는 법

수학 대신 다른 과목을 잘하면 안 될까요?

"도대체 이걸 왜 배우는 거지?"

공부할 때 한 번이라도 이런 생각이 든 적 있니? 많은 학생이 유독 수학을 공부하면서 이런 의문을 자주 품는 것 같아. 한국사야 한국인으로서 마땅히 알아야 할 내용이라 쳐. 영어는 나중에 배낭여행이라도 가려면 배워 두는 게 좋겠지. 그런데 수학은? 왜 굳이 이런 복잡하고 어려운 수식까지 배워야 할까?

물론 고등학교 때 이과를 선택하고, 대학은 이공계나 자연과학쪽으로 진학해서 대학원이나 박사 과정까지 밟으며 공부할 생각이라면 얘기는 달라지지. 지금 배우고 있는 그 수학이 자신의 미래를 좌우할 만큼 중요할 거야.

하지만 그 외의 학문, 예컨대 법학을 꿈꾸는 학생이라면? 내신과 수능 점수를 잘 받기만 하면 그 이상 단계에서는 수학이 필요 없는 것일까? 물론 법학에서도 수학적인 계산이 필요할 때가 있어. 범죄자의 형량을 계산하거나 손해배상 액수를 계산하는 것은 생각보다 복잡한 수학적 능력을 요구하지.

하지만 그 능력이 부족하다고 해도 크게 문제 되진 않아. 시험 문제로 나오면 까짓것 하나 틀려 주고, 대신 다른 부분을 더 열심히 공부하면 점수가 잘 나올 수도 있지. 사는 데도 딱히 지장은 없어. 편의점 아르바이트를 하면서 일일정산을 할 때 잔액이 부족하면 까짓 몇천 원, 내 돈으로 메우면 될 일이니까.

우리 모두가 복잡한 파생금융상품의 설계자가 되거나 슈퍼컴퓨터로 기상이변을 예측하는 과학자가 되지는 않을 테니, 지금 배우는 인수분해가 앞날의 밥벌이를 결정하지도 않을 거야. 따라서 나는 훗날 사회에 나와서도 수학이 많이 쓰인다느니, 가르쳐 줄 때 열심히 배워 두라느니 하는 식의 말은 하고 싶지 않아.

하지만 '그런데도' 수학은 중요하다고 말하고 싶어. 입시에서 비중이 크다는 점이야 누구나 잘 알 테고, 그보다는 '인생 전체'에서 대단히 중요한 비중을 차지한다고 생각해. 수학을 잘하는 사람은 값으로 따질 수 없는 이익을 얻게 되는데, 그것은 수학이 길러

주요 과목에서 만점을 받는 법

주는 여러 가지 능력 때문이야.

일단 수학을 잘하는 사람은 대개 계산이 빨라. 이 능력은 앞으로의 인생에서 어떤 선택의 기로에 서게 되든, 가장 이익이 되는 방향이 어느 쪽인지 재빨리 계산해서 우리에게 알려 줄 거야. 이 능력을 갖춘 사람은 엉뚱한 길에 들어서서 오랜 세월 방황하는 일이 거의 없어.

또, 수학을 잘하는 사람은 남들보다 쉽게 창의적인 아이디어를 떠올릴 수 있어. 수학을 잘하려면 결국 논리적으로 사고하는 과정 그 자체를 알아야 하거든. 그저 문제를 빨리 풀기보다는 이런저런 방법으로 다르게 풀어 보면서, 그 과정을 논리적으로 전개하는 것이 진짜 수학을 잘하는 비결이야. 따라서 똑같은 문제라도 매번 다르게 보고 다르게 접근하며 생각하는 사고가 훈련되면 자연스럽게 창의력과 독창성도 길러져.

오늘날 우리가 사는 세상은 더는 일하는 시간에 따라 임금을 받는 시대가 아니야. 내가 할 수 있다면 남들도 할 수 있는, 그렇게 아무나 할 수 있는 일은 결국 더 빠르고 정확한 인공지능이 대체하게 되지. 따라서 높은 연봉이 주어지는 자리는 아무나 할 수 없는 일, 즉 남들은 떠올리기 힘든 창의적인 기회를 발견하는 사람에게 돌아가게 될 거야. 그리고 그 능력을 단기간에 가장 빨리 올려 주는 공부가 바로 '수학'이지.

마지막으로 수학을 잘하는 사람은 분석력과 종합력이 뛰어나. 수학 문제를 푼다는 것은 문제 상황에서 시작해 답에 이르는 길을 머릿속에 대략 그려 본 다음, 연습장에 그 방법을 구체화하는 과정이야.

몇 줄 되지 않는 수학 문제를 출발점으로 삼아 방대한 개념과 원리의 징검다리를 건너서 정답이라는 도착점까지 이르는 과정을 하루에도 수십 번 반복해야 하는 게 바로 수학 공부 아니겠어? 그러니 수학을 잘하는 사람은 언제 어떤 상황에 놓이더라도 '지금 일이 어떻게 돌아가고 있는지' 파악하는 능력이 뛰어날 수밖에 없어.

그러니 인생에 하등 쓸모없을 것 같은 인수분해 공식을 외우면서 '도대체 이딴 것을 왜 배우는 거지?'라고 생각하지 않았으면 좋겠어. 우리가 수학을 공부하는 이유는 '엄마의 분노를 피하기 위해서'(초등학생)가 아니야. '좋은 고등학교나 대학교를 가기 위해서'(중1~고2)라거나, '수시모집에 합격하려면 최저 등급은 넘어야 해서'(고3~N수생)라는 이유에만 그쳐서도 안 돼. 그건 수학을 공부해야 하는 진짜 이유가 될 수 없거든.

일부 아이들은 "차라리 수학을 깨끗이 포기하고 그 시간과 노력을 다른 과목에 투자하면 입시 결과가 훨씬 좋지 않을까요?"라고 물어. 하지만 나는 네 가지 이유에서 말리고 싶어.

주요 과목에서 만점을 받는 법

첫째, 소위 '좋은 학교'라고 불리는 웬만한 대학들은 모두 수학 성적을 반영하기 때문이야. 둘째, 만약 수학 점수를 반영하지 않는 대학이 있더라도, 거기에는 비슷한 생각을 가진 학생들이 전국에서 몰려들 거야. 합격하기가 훨씬 더 어렵지. 셋째, 내 경험상 수학이 어렵다며 영어에만 매달렸던 학생들의 대부분은 머지않아 영어도 어렵다며 포기한 경우가 많아. 넷째, 수학 공부를 하면 계산력과 사고력이 길러지게 되는데 이 능력이 다른 과목들의 성적도 올려 주게 돼.

그러니 부디 수학을 포기하지 않았으면 해. 수학은 점수를 올리기는 힘들어도 일단 올리고 나면 떨어지기도 힘든 과목이야. 수학 공부가 너무 어렵고, 아무리 고민해도 문제가 안 풀린다면 차라리 쉬운 문제만큼은 정확히 맞히겠다는 각오로 공부에 임하는 게 좋아.

모르니까 어렵고, 안 풀리니까 재미없는 거야. 하지만 공부를 하다 보면 조금씩 문제가 풀리면서 차츰 재미도 생길 거야. 일단 재미가 붙으면 무섭게 가속도가 붙어서 어느새 제일 효자 과목이 되는 것이 수학이라는 사실을 잊지 말아야 해.

수학 공부가
너무 힘들어요

아무리 공부해도 수학 성적이 오르지 않는 데는 여러 가지 이유가 있어. 여섯 유형으로 나눠 살펴보고, 거기에 맞는 해결책을 하나씩 알려 줄게.

1. 수업을 따라가지 못하는 유형

나는 고등학교 1학년 2학기 기말고사에서 수학을 25점 받은 충격으로 공부를 열심히 해야겠다고 마음먹었어. 그런데 문제가 하나 생겼지. 수업이 전혀 이해되질 않는 거야. 그동안 신나게 놀기만 했으니 어쩌면 당연한 일이었지.

당시 이과생이었던 나는 중학교 과정의 기초 실력조차 제대로 갖추지 못했어. 그때 이런 생각이 들더라. '어차피 기초도 없는데, 이해되지도 않는 수업을 뭐 하러 들어? 그냥 저학년 교과서로 나 혼자 공부하고 수업은 포기할까?'

하지만 오랜 고민 끝에 나는 최대한 집중해서 수업을 듣기로 했어. 왜냐면 수업을 한번 포기하면 영원히 못 따라잡을 것 같았거든. 물론 선생님 설명이 이해되지는 않았지. 그래도 자습 시간에 복습하면서 어떻게든 이해하려고 노력했어.

거기에다 중학교 교과서를 따로 구해 보충하고, 고등학교 1학년 과정은 『개념원리』로 따라잡아 나갔어. 당연히 시간이 턱없이 모자랐지. 그래서 쉬는 시간에도 놀 수 없었고, 밥을 먹으면서도 머릿속에서 문제를 풀었어. 굉장히 힘들었지만 실컷 놀아 온 내가 어쩔 수 없이 치러야 할 대가라고 생각하고 꾹 참은 거야.

덕분에 머지않아 진도를 따라잡을 수 있었어. 그러자 신기한 일이 벌어지더라. 수업을 들을 당시에는 이해가 하나도 안 되고 외계어로만 들렸던 선생님의 설명이 다시금 생각나는 거야! 까맣게 잊어버린 줄 알았는데 사실은 잊은 게 아니었어. '아, 그때 선생님이 하던 말이 이런 뜻이었구나!' 하고 몇 개월 뒤에 깨달은 거지.

만약에 그때의 내가, 기초부터 해야 한다면서 내 공부에만 몰두

했다면 그런 도약의 경험은 하지 못했을 거야. 수업에 충실하면서 어떻게든 시간을 짜내 보충하며 진도를 따라갔던 게 다행이었지. 수업 시간에 들었던 내용을 나중에 혼자서 공부할 때 복기할 수 있었던 셈이야. 그리고 이게 내 공부의 속도를 더욱 빠르게 높여 주었지.

2. 수학 공부에 시간이 너무 많이 소요되는 유형

당시 내게는 또 다른 문제도 있었어. 이놈의 수학 공부가 거의 온종일 걸린다는 사실이었지. 내겐 두 가지 선택의 길이 있었는데, 하나는 수학에 전념해서 점수를 일정 궤도에 올린 뒤에 다른 과목을 시작하는 것이었어. 다른 하나는 수학과 다른 과목을 동등한 비율로 공부하면서 골고루 성적을 올리는 방법이었지. 나는 첫째 방법을 선택했어.

지나고 보니 이건 옳은 선택이었던 것 같아. 만약 골고루 성적을 올리자고 마음먹었다면 어떻게 됐을까? 아마 나는 결국 수학을 포기했을 거야. 그렇게 공부해서 될 과목이 아니거든.

물론 성적이 골고루 잘 나오는 학생이라면 둘째 방법이 맞을 거야. 그러나 나처럼 수학 점수가 형편없는 학생이라면 일단 수학 점수부터 올려야 한다고 봐. 수학을 처음부터 포기하는 사람은 없어. '일단 다른 과목부터 먼저 하자'라고 생각하며 지내다가 나중에는 결국 따라잡을 엄두가 안 나서 포기하게 되는 거지.

주위를 보면 공부하는 데 시간도 오래 걸리고 점수를 올리는 데 소요되는 기간도 다른 과목보다 길다며, 수학에 많은 시간을 투자하는 걸 망설이는 학생들이 있어. 하지만 나는 바로 그 이유로 수학을 다른 과목보다 먼저 정복해야 한다고 생각해. 그래야 시험이 가까워졌을 때 다른 과목에 투자할 수 있는 시간도 생기지 않겠어?

이는 내신이든 수능이든 마찬가지야. 수능 수학도 고등학교 3학년 1학기까지 확실히 잡아놓아야 2학기엔 암기 과목인 탐구 영역에 마음 편하게 몰두할 수 있거든.

그러니 만일 하위권 학생이라면 하루의 공부 시간 중에서 수학과 수학이 아닌 과목의 비율을 8 대 2까지 잡아도 무방해. 나의 경우에는 9 대 1, 심지어 10 대 0이었던 적도 많았어. 물론 수학 성적이 올라갈수록 이 비율은 점차 낮아졌지.

그러나 최상위권까지 오르더라도 공부 시간을 제일 많이 투자해야 하는 건 수학이라는 사실은 변하지 않아. 거의 만점을 놓치지 않았던 수능 직전까지도 나의 수학 공부 시간의 비율은 40퍼센트 밑으로 떨어진 적이 없었어. 수학은 그렇게 공부해야만 정복할 수 있는 과목이거든.

3. 쉬운 문제는 풀지만 어려운 문제는 못 푸는 유형

수학은 머리가 아닌 '손'으로 공부하는 과목이라는 말이 있어. 얼추 맞는 말이지만 여기에는 한 가지 전제가 필요해. 그건 이 방법이 90점대 이하까지만 적용된다는 거야. 90점까지 이르려면 풀수 있는 문제는 확실히 맞혀야 하고, 정형화된 문제는 실수 없이 정확히 풀어내야 해. 그리고 그것은 평소에 그런 유형의 문제를 많이 풀어 보는 방법으로 달성할 수 있지.

그런데 100점을 받으려면 정형화되지 않은 고난도 문제까지 맞혀야 해. 이건 비슷한 유형의 문제를 그저 성실하고 꾸준하게 푸는 방법으로는 정복할 수 없어. 유형별 학습만 했던 학생이 어떻게 생전 처음 보는 문제의 풀이 과정을 떠올릴 수 있겠어?

쉬운 문제는 별 어려움 없이 풀어 내지만, 어려운 한두 문제를 어김없이 놓친다면 유형별 학습이 아닌 사고력 위주의 학습을 해야 해. 그리고 사고력 위주 학습은 자투리 시간을 활용해야만 가능하지.

수학 공부에 '책상'이 필요한 경우는 풀이 과정을 써야 한다는 점 때문이야. 그러나 모르는 문제를 골똘히 생각하는 단계라면 책상이나 연습장은 굳이 필요하지 않아. 어차피 고민만 할 거니까. 즉, 책상에 앉아 있지 않아도, 밥을 먹으면서나 체육 시간에 공을 차면서도 수학 공부를 할 수 있다는 뜻이야.

주요 과목에서 만점을 받는 법

그렇다고 뜀틀 앞에서 내가 모르는 수학 문제를 정리한 수첩을 꺼내 보라는 말은 아니야. 이럴 땐 모르는 문제를 미리 외워 두면 돼. 그날 공부한 것 중에서 잘 모르겠는 문제를 외워 뒀다가 책상에 앉아 있지 않을 때, 어떻게 해야 답에 이를 수 있을지 그 과정을 떠올리고 계획하는 거지. 이 과정이 쌓이면서 어려운 문제도 맞힐 수 있는 진짜 사고력이 생기는 거야.

4. 시험 칠 때 시간에 쫓기는 유형

시험을 칠 때마다 시간에 쫓긴다면 두 가지 원인을 생각해 볼 수 있어. 우선 평소 수학 문제를 풀 때 느긋하게 푸는 습관이 들어 버린 경우야. 이런 습관을 고치려면 '시간 제한'을 걸어 놓고 문제를 푸는 방식으로 수학 공부를 하는 게 좋아.

내신 시험 시간은 45분이고 총 20문제가 나온다면, 전체 45분에서 답안지 마킹 시간 5분을 빼고 40분 만에 20문제를 모두 풀어내는 연습을 평소에 해야 하는 거지.

너도 이런 경험을 해 본 적 있지 않니? 시험을 치르고 나서 점수를 매겨 보니 형편없어서 억울한 마음에 집에 가서 문제를 찬찬히 살펴봤지. '이상하다! 아까는 분명히 안 풀렸던 문제였는데 지금은 어떻게 풀어야 할지 알 것 같아!' 실제로 풀어 보니 정답이 나왔고,

원래 점수보다 무려 수십 점이나 올라간……. 그런 억울한 경험 말이야.

어쩌면 이건 당연한 일일지도 몰라. 원래 수학 시험에서는 '문제를 풀 수 있는지'가 아니라 '제한된 시간 안에 문제를 풀 수 있는지'가 중요하기 때문이야. 그러니 평소에도 시간을 정해 놓고 스트레스를 받으면서 문제를 풀어야 하고, 그래야 실제로 나오는 성적에 진짜 스트레스를 받지 않게 돼.

시험을 칠 때 시간에 쫓기는 또 하나의 원인은 '문제를 푸는 순서' 때문이야. 어려운 문제라고 해서 반드시 뒤에 나오는 건 아니야. 초반에 나온 어려운 문제에 매달리다가 답이 나올 듯하면서 안 나오는 상황에 빠져 버리면, 그 한 문제를 해결하는 데 너무 많은 시간을 쏟는 실수를 범하지. 그럼 어떻게 풀어야 할까?

시험에서는 대부분 문제에 배점이 정해져 있어. 우리는 배점이 가장 낮은 것, 즉 쉬운 문제를 우선 풀어야 해. 그리고 그 문제들에 대한 답안지 마킹도 끝내 놓아야 하지. 그런 다음 비로소 어려운 문제를 하나씩 풀면서, 풀 때마다 답안지에 마킹하는 거야. 이렇게 하면 시험 시간이 끝나 가는데 아직도 첫 장을 붙들고 있는 불상사는 절대 일어나지 않아.

만약 문제를 다 못 풀었는데 시험 시간이 거의 끝났다면? 그땐 못 푼 문제를 그냥 찍어 버리면 돼. 어차피 풀 수 있는 것은 다 풀었고, 남은 문제는 모르는 문제들이니까 찍는다고 해서 별로 손해 볼 건 없잖아? 오히려 그럴 때 점수가 더 잘 나오는 경우도 많아.

5. 내신 점수는 잘 나오지만
수능 모의고사 점수가 안 나오는 유형

유독 중상위권 여학생들이 압도적으로 많이 하는 고민이야. 왜 그럴까? 아마도 다른 과목을 공부하듯 그저 '성실하게만' 공부했기 때문이라고 생각해. 예습하고, 수업 듣고, 복습하고, 자습 시간에 문제를 풀어 보는 식이지.

물론 훌륭한 방법이야. 하지만 그걸로 끝났다고 생각하면 모의고사 점수는 좀처럼 오르지 않을지도 몰라. 이건 어쩌면 당연해. 그건 모의고사용 공부가 아니라서 그래.

내신과 모의고사는 같은 내용에 대해 물어보는 방식이 서로 다른 시험이야. 그 차이에 대해 평소에 대비해 두지 않으면 모의고사 점수가 생각보다 잘 나오지 않게 되지.

이런 상황에 대한 해결책은 당연히 모의고사 형태의 문제를 꾸준히 풀어 보는 거야. 예컨대 오늘 행렬을 배웠고 자습 시간에 내신 문제집에서 행렬에 관한 부분을 풀어 보았다면 그걸로 끝내지 말고, 30분 정도는 수능 형태의 문제도 다뤄 보는 거지. 수능 기출

문제를 '진도별로' 엮은 문제집이 좋을 거야. 하루 5문제 정도만 수능 스타일로 매일 풀어 보면 한 달도 되지 않아 모의고사에 대한 두려움이 싹 사라질 수 있어.

다만 한 가지 기억할 것이 있어. 내가 상담했던 학생들을 보면 모의고사 점수에 너무 많은 걱정과 신경을 쓰는 경우가 많았어. '이 모의고사 점수대로 실제 수능 점수가 나오면 안 되는데!'라는 생각에 초조해지는 것은 이해해. 그러나 모의고사 점수를 높이려고 수능 스타일의 문제 풀이 비중을 너무 높게 잡는 것은 고3 이상이 아닌 경우에는 득보다는 실이 클 수도 있어.

당연한 말이지만 며칠 뒤에 치러지는 중간고사는 입시에서의 중요도가 실제 수능과 똑같은 '실전 시험'이야. 하지만 수능 모의고사는 좀 거칠게 표현하자면 학교 선생님이 평소에 나눠 주는 프린트물보다도 중요하지 않은 시험이지.

따라서 현재 고2 이하의 학생이라면, 일단은 내신 공부에 집중하는 게 맞아. 내신 공부는 수능 공부의 기초이기도 해. 수능 스타일의 문제를 연습하는 것은 고등학교 2학년 겨울방학부터 해도 전혀 늦지 않아.

그러니 모의고사를 치르는 날은 제한된 시간 안에 답안지에 모두 마킹하는 연습을 하는 날 정도로 생각하자. 어차피 고3으로 올라가면 수능 스타일은 지겹게 공부하거든. 그때는 심지어 학교 수

주요 과목에서 만점을 받는 법

업교재 자체가 수능 문제집이지.

6. 어려운 문제를 해결하는 실마리가
좀처럼 떠오르지 않는 유형

수학에서 항상 만점을 받는 사람은 문제를 보자마자 풀이 과정이 떠오르는 것일까? 나의 경우 그런 적도 가끔 있지만 그렇지 않았던 경우가 대부분이었어.

물론 최솟값·최댓값을 구하는 문제나 함수에 있어서 근의 분리에 관련된 문제처럼 풀이법이 이미 정형화된 문제는 평소에 연습만 해 두면 문제를 보자마자 단숨에 풀 수 있겠지. 하지만 대부분 문제는 무엇을 묻고 있는 것인지, 그 출제자의 의도가 뭔지 파악하는 데만도 오랜 시간이 걸려.

이건 당연한 일이라 걱정할 필요는 없어. 수학은 어떤 지식이 머릿속에 들어 있는지를 묻는 과목이 아니라 처음 보는 문제 상황에서 그것을 해결할 수 있는 아이디어를 떠올릴 수 있는 능력을 측정하는 과목이기 때문이야. 그러면 어떻게 해야 해답에 이르는 아이디어를 좀 더 쉽게 떠올릴 수 있을까?

내가 아이디어를 떠올리는 방법은 다음과 같이 세 가지야. 첫째, 문제를 몇 번이고 반복해서 읽는 거야. 간혹 모르는 문제가 나오면 이걸 어떻게 풀어야 할지 고민에 빠져서 '어쩌지, 어쩌지' 하다가 정작 문제 자체를 읽지 않는 경우가 많아.

하지만 어떻게 풀어야 할지 모르겠다면 풀이 방법이 생각날 때까지 문제에 담긴 물음 자체를 반복해서 읽는 것이 생각보다 큰 효과를 발휘해. 만약 열 번을 읽어도 전혀 감이 안 잡힌다면 그 문제는 어차피 못 푸는 문제야. 그러니 찍고 과감히 다음 문제로 넘어가자. 반면에 그 문제와 비슷한 문제를 풀어 본 경험이 있다면 해당 물음을 여러 번 읽었을 때 실마리가 떠오르는 경우가 많아.

둘째, 안 풀려도 일단 푸는 거야. 좀 이상하게 들리겠지만 이건 꽤 효과가 있는 방법이지. 어떻게 푸는지 모르겠더라도 일단 볼펜을 움직여서 뭔가라도 써 보자. 식을 쓰든, 좌표를 그리든, 보조선을 아무렇게나 그리든 상관없어. 이렇게 푸는 것이 맞는지 확신할 수는 없지만 어쨌든 뭔가를 억지로라도 일단 쓰는 게 중요해. 그러면 내가 쓴 것 자체가 일종의 아이디어 촉매가 되어 정답에 이르는 풀이법이 불현듯 떠오를 때가 많거든.

셋째, 날카롭게 관찰하기야. 규칙성을 찾아보라는 말과도 비슷한 조언이지만 그것보다는 범위가 넓은 말이지. 좀 더 구체적으로 얘기하면 '왜 하필?'이라는 의문을 가지고 문제를 바라보는 거야. '왜 하필 항이 4개가 있는 거지?' '왜 하필 각 항의 계수가 1, 2, 3, 4의 순서로 되어 있지?' '왜 하필 모든 항의 부호가 양수로

주요 과목에서 만점을 받는 법

되어 있는 거지?'라는 식으로 날카로운 의심의 눈초리로 문제를 살펴보며 의문을 던져 보는 거지.

나는 실전에서 이 방법으로 엄청난 효과를 볼 수 있었어. 전혀 풀지 못할 것 같은 문제도 이런 식으로 접근했더니 '아하, 항이 4개니까 각 항을 짝지으면 풀리겠구나!' '아하, 결국 이게 이렇게 되니까 애초에 문제를 이렇게 만들었던 거구나!'라는 생각이 들면서 고난도 문제도 쉽게 푼 적이 많았어.

시험 칠 때 실수로
틀리는 것이 많아요

시험을 칠 때 내 자신이 어떤 모습인지 한번 떠올려 보자. 한두 줄 정도의 간단한 문제가 나오면 순간적으로 '헤헤, 쉽겠다!'라는 생각이 들지? 하지만 문제의 분량이 많거나 표가 복잡하거나 제시된 글이 생소하다면? 순간적으로 '아, 큰일 났다. 어려운 문제다!'라고 겁부터 먹어.

대부분 학생이 이렇게 단순하게 생각하다가 실수를 저지르곤 해. 사실 문제를 낸 출제자는 학생들이 한두 줄짜리 문제를 보자마자 쉽게 생각한다는 걸 이미 잘 알고 있어. 그래서 쉬워 보이는 문제를 내면서 "한두 줄밖에 안 돼. 어때? 쉬워 보이지? 그런데 과연 그럴까?" 하는 거지. 이런 출제자의 심리를 모른다면 쉬운 문제를 틀리는 실수를 피할 수 없어.

어려운 문제도 마찬가지야. 출제자는 지문이 긴 문제라든가, 복잡한 도표를 제시하면 학생들이 어렵게 느낀다는 것을 잘 알고 있어. 그래서 난이도를 조절하기 위해서 복잡한 문제는 의외로 간단하게 해답을 찾을 수 있도록 출제하는 거야.

따라서 실수를 줄이는 첫걸음은 다른 학생들과 다르게 반응하는 거야. 간단해 보이는 문제는 '설마? 혹시?'라고 한 번 더 의심해 보고, 복잡해 보이는 문제는 '의외로 쉬울 수도 있어'라고 생각하면서 자신감을 가지는 게 중요해.

예전에 내가 수학 문제를 풀 때의 일이야. 어떤 문제를 풀어 보니 2라는 답이 나왔지. 그런데 어처구니없게도 나는 답을 3이라고 표기해 버렸어.

정말 어이없는 실수지? 그래서 나는 그게 실수라고도 인정할 수 없었어. '이건 실수가 아니라 눈이 잠시 흐릿해졌던 거야. 어쨌든 문제 자체는 풀었던 거잖아?'라고 스스로를 달래며, 오히려 문제에다 맞혔다는 동그라미 표시까지 했어. 그러나 얼마 뒤 시험에서 나는 똑같은 실수를 반복하고 말았어. 그때는 나 자신이 너무나 한심하게 느껴지더라.

왜 이런 실수를 하는 것일까? 어떤 사람은 특정 상황에서 특정 정보가 주어지면 자기도 모르게 3을 2로 보기도 해. 머리의 사고 구조가 붕어빵틀처럼 굳어 있기 때문이지. 붕어빵틀에 밀가루 반죽을 아무리 새우 모양으로 부어도, 뚜껑을 열면 여전히 붕어 모양으로 나오는 것과 같은 원리야. 그래서 실수도 실력이라고 하는 거지.

한편 공식이나 내용 자체에서 실수하기 쉬울 때도 있어. 예를 들어 '삼각형의 넓이'라는 단원에는 다음과 같은 여러 가지 공식이 나와.

1. $S = \dfrac{1}{2}ah$

2. $S = \dfrac{1}{2}ab\sin\theta$

3. $S = \dfrac{1}{2}r(a+b+c)$

4. $S = \dfrac{1}{2}|(x_1y_2 + x_2y_3 + x_3y_2) - (x_2y_1 + x_3y_2 + x_1y_3)|$

5. $S = \sqrt{p(p-a)(p-b)(p-c)}$

이 공식들을 자세히 살펴보면 유독 5번 공식에만 앞에 1/2이라는 숫자가 없지? 그런데도 문제를 풀 때는 착각해서 1/2을 곱하는 경우가 많아. 자기도 모르게 실수하는 거지.

또 다른 예를 들어 볼게. '집합' 단원에는 다음과 같은 공식이
나와.

$$n(A \cup B \cup C)$$
$$= n(A) + n(B) + n(C) - n(A \cap B) - n(A \cap C) - n(B \cap C) + n(A \cap B \cap C)$$

그리고 곧이어 배우는 인수분해 공식 중에는 다음과 같은 공식
이 있어.

$$a^3 + b^3 + c^3 = (a+b+c)(a^2+b^2+c^2 - ab - bc - ca) + 3abc$$

따라 써 보면 알겠지만 두 공식은 뭔가 느낌이 비슷해. 그러면
슬슬 헷갈리기 시작하지. 그래서 첫째 공식 마지막 부분에 있는
n(A∩B∩C) 앞에는 3이라는 숫자가 없는데도 있다고 착각하기도
하고, 둘째 공식 마지막 부분에 있는 3abc에는 3이 포함되어 있는
데도 없다고 착각하기도 하지.

그런데 중요한 사실은 이런 실수를 나 혼자만 하는 게 아니라는
거야. 이건 전국의 많은 학생이 수십 년간 반복하는 실수지. 그래
서 우리 학교 수학 선생님이나 수능 출제위원도 학생들이 이 부분

에서 실수하기 쉽다는 것을 이미 알고 있어. 이게 바로 출제 포인트인 셈이야.

이처럼 실수를 유발하는 부분들은 이미 정해져 있어. 물론 공부를 하면서 '이 부분은 실수하기 쉬우니까 조심해야겠다'라는 생각이 들면 다행이겠지만 천재가 아닌 이상 처음 공부하면서 어느 부분이 실수하기 쉬운지 알아낸다는 것은 누구에게라도 무척 어려운 일이야.

실수할 가능성이 있는 이런 부분을 발굴하려면 많은 문제 풀이가 필요해. 게다가 문제를 풀다 실수했을 때는 우울해할 게 아니라 오히려 기뻐해야 하지. 실수하기 쉬운 부분을 드디어 발견한 것이고 실력을 높일 소중한 기회를 찾은 거니까.

이제 이런 소중한 기회를 그냥 넘겨서는 안 되겠지? 붕어 모양으로 굳어진 사고의 틀을 단번에 새우 모양으로 바꿀 수는 없으니까. 그렇다면 어떻게 해야 할까?

실수한 문제는 따로 정리해서 주기적으로 보는 것이 좋아. 나는 포스트잇에 '2와 3을 혼동하지 말자!'라고 크게 써 놓고 내 방 한쪽 벽에 붙였어. 문제집들을 풀어 나가며 실수하는 것마다 그렇게 포스트잇으로 정리해서 벽을 채워 나갔지. 그리고 시간이 날 때마다 벽에 붙여 놓은 포스트잇들을 보면서 '저런 멍청한 실수를 하다니다시는 그러지 말자!'라며 결연한 의지를 다지고는 했어.

시간이 흘러 실전 수능 날이 되었는데 신기한 일이 일어나더라? 수학 문제를 보니까 내가 실수할 만한 부분들이 미리 다 보이는 거야! 함정이 뻔히 다 보이는데 어떻게 실수를 해? 당연히 모두 피할 수 있었지. 결과는 당연히 만점이었고.

실수는 누구나 할 수 있어. 다만 실수를 피하는 것도 실력이야. 그 실력이 너를 만점으로 이끌어 줄 거야.

당장 눈에 보이지 않을 뿐,

'공부 경험치'는 네 안에 차곡차곡 쌓여 가고 있어.

일정한 공부 분량이 채워지면

성적이 빵! 터지는 순간이 반드시 찾아와.

너의 공부가
빛나는 순간이 찾아오길

공부하기 힘들지? '살면서 공부를 꼭 잘해야만 하는 걸까?'라는
생각도 들고 말이야. 다른 애들은 나보다 더 많이 노는데도 성적
이 잘 나오는 걸 보면 '나는 공부 머리가 없는 것 같아'라는 생각
이 들 때도 있을 거야.

너무 부담 갖지는 마. 공부를 잘해야 한다는 압박감이 오히려
공부를 방해하기도 하거든. 반드시 그 점수를 받아야 한다고, 무조
건 그 등급이 나와야 한다고, 꼭 그 대학에 들어가야 한다고 생각
하면 너의 마음도 쉽게 지칠 거야.

할 수 있는 만큼만 해 보렴. 단지 어제의 나보다 오늘 조금만 더

열심히 하면 돼. 그렇게 자신의 한계를 확인하고 그걸 또 깨 나가면서 나 자신을 조금씩 확장해 가는 거지. 그러다 보면 성적 따위는 언젠가 올라가게 돼 있어. 그러니 그 사실을 믿고 오늘도 힘을 내길 바랄게.

힘든 공부 속에서 네가 얻게 되는 작은 성취들이 모여서 꺼지지 않는 자신감을 가져다줄 거야. 나 역시 살아 보니 수능 성적이나 명문 대학이라는 외적인 성공이 아니라 공부할 때 얻었던 자신감들이 지금의 나를 지탱하고 있다는 것을 깨달았어. 그 자신감이 바로 공부가 우리에게 주는 가장 소중한 선물이지. 너도 그 선물을 받게 될 거야.

네가 잘되기를 바라는 마음으로 여러 가지 얘기를 했는데 끝까지 잘 들어 줘서 고마워. 내 얘기가 네 공부에 그리고 네 삶에 많은 도움이 되었으면 좋겠어.

나중에 꼭 좋은 소식을 들려줘.

2023년 4월의 어느 날
박철범

너의 공부가 빛나는 순간이 찾아오길

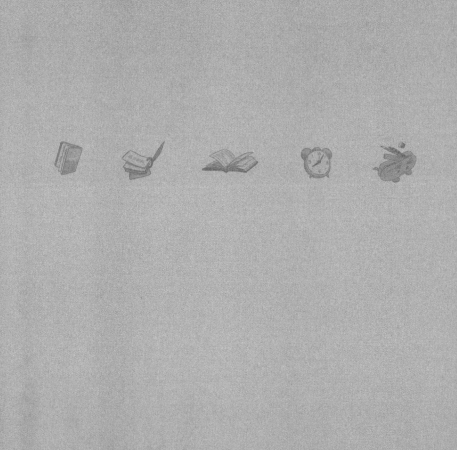

부록

청소년 자녀를 둔
부모님들께

저는 고등학생 때 한 학기 만에 1등이 됐고, 명문 대학에서 전액 장학금을 받으며 공부했으며, 변호사 시험에도 한 번에 붙었습니다. 그런 저의 학창 시절은 어땠을까요? 부모님 말씀을 잘 듣는 착한 모범생이었을까요?

저는 초등학생 때 부모님 돈을 훔쳤고, 중학생 때는 가출을 했으며, 고등학생 때는 꼴찌를 했습니다. 모범생과는 거리가 먼 학생이었지요. 그랬던 저를 바꾼 건 다름 아닌 부모님입니다. 물론 공부는 제가 했지만 공부를 열심히 할 수 있는 마음을 주셨던 것이 바로 부모님입니다.

부모가 자녀의 공부를 대신해 줄 수는 없겠지요. 그러나 자신에 대한 믿음, 즉 어떤 역경에도 꺾이지 않는 마음을 줄 수는 있습니다. 특히 '대화'를 통해서 자녀에게 그 믿음을 심어 준다면 아이는 어떤 비바람에도 쓰러지지 않는 튼튼한 나무로 자라날 겁니다.

저에게 좋은 영향을 주셨던 제 어머니나 제가 관찰해 온 우등생의 부모님들은 공통점이 있었는데 그중 하나는 대화에 유능하다는 점입니다. 여기서 유능한 대화란 '상대를 꼼짝 못 하게 하는 현란한 말솜씨'와 전혀 다릅니다. 한마디를 하더라도 원칙이 있다는 뜻이지요.

비록 자녀가 지금 당장은 본인의 능력을 발휘하지 못하더라도 부모가 올바른 대화법으로 이끌어 자녀의 성적이 이내 향상되는 경우를 저는 수없이 많이 보았습니다. 그 과정에서 제가 깨달은 것들을 여기서 몇 가지 알려드리겠습니다.

1퍼센트가 아닌
64퍼센트를 봐야 합니다

만약 재능이나 지능, 성실이나 정직 등 우리 인생을 성공으로 이끄는 100가지 요인이 있다고 해 보겠습니다. 그런데 자녀에게 그 100가지 요인이 존재할 확률이 경우마다 1퍼센트밖에 안 된다고 가정해 볼까요?

예컨대 재능 없을 확률 99퍼센트, 성실하지 못할 확률이 99퍼센트……, 이런 식으로 말이죠. 이때 이 아이가 성공할 확률이 얼마나 될까요? 대다수 사람은 0.1퍼센트도 안 될 것으로 생각합니다.

그런데 놀라지 마시기 바랍니다. 이 경우 수학적으로 계산하면 성공할 확률이 무려 64퍼센트에 이릅니다. 왜냐면 99가지의 능력이 부족해도 단 하나의 자질이 남보다 뛰어나서 그게 그 아이의 삶을 성공적으로 이끄는 경우가 많기 때문입니다.

현명한 부모는 굳이 계산기를 두드려 보지 않고도 이 사실을 본능적으로 압니다. 그래서 자녀에게 부족한 99퍼센트에 대해 낙담하며 다그치는 대신, 혹시 있을지 모를 1퍼센트의 가능성을 보려고 노력하지요.

반면 어떤 부모님은 자녀가 공부는 안 하고 팡팡 놀고 있는 모습을 보면 속이 터져서 "네가 이러니까 공부를 못하지"라는 말을 서슴없이 내뱉습니다. 그리고 성적이 떨어지면 "넌 왜 항상 그 모양이냐?"라는 식의 말도 해 버립니다.

말은 그 내용을 현실로 만드는 힘을 가지고 있습니다. "너는 어떠한 사람이다"라고 단정해 버리면 실제로 그렇게 될 확률이 높아집니다. 단 한 마디의 말로 64퍼센트의 성공 확률을 가진 아이의 마음을 꺾어 버릴 수도 있고, 1퍼센트의 성공 확률을 100퍼센트로 만들 수도 있지요.

공부 잘하는 학생을 믿어 줄 사람은 부모 말고도 많습니다. 하지만 그렇지 못하는 학생을 믿어 줄 사람은 부모밖에 없지 않을까요? 물론 여기서 믿어 준다는 말이, 공부를 잘할 수 있다거나 명문대에 들어갈 수 있다는 믿음을 뜻하는 것은 아닙니다. 예컨대 이번엔 계획을 잘 못 지켰지만 다시 한번 용기를 내면 다음에는 지킬 수 있다는 사실을, 비록 지금은 아무 생각이 없는 것 같지만 속으로는 자신의 미래에 대해 고민하고 있으며 제대로 공부해 보려는 열정도 가지고 있다는 사실을 믿어 주시라는 겁니다.

공부를 잘하는 아이들을 상담하다 보면 부모님이 자신에게 보내는 신뢰에 보답하려는 욕구가 힘든 공부를 버텨 내는 동기가 되는 걸 자주 봅니다. 저도 마찬가지였고요.

사람은 다 똑같습니다. 내가 할 수 없다고 말하는 사람, 맨날 너는 왜 그 모양이냐고 말하는 사람과는 말도 섞고 싶지 않습니다. 반면 자신을 믿어 주는 사람은 실망시키고 싶지 않지요. 따라서 자녀를 바꾸는 대화의 첫 원칙은, 아이의 가능성을 믿어 주는 것이라 생각합니다.

지금은 아이의 숨겨진 1퍼센트가 잘 보이지 않을 수 있습니다. 그래도 부모님이라면 아이의 마음 깊이 숨겨진 멋진 보석을 볼 수 있어야 합니다. 부모의 그런 확신은 대화 속에서 자연스럽게 아이에게 전해지게 되고, 아이는 그런 부모님의 기대에 부응하기 위해 노력하는 거니까요.

청소년 자녀를 둔 부모님들께

훈계하기 전에
해야 할 세 가지

초등학교 3학년부터 대학교에 입학할 때까지, 저는 외할머니와 여동생과 함께 시골에서 살았습니다. 어머니는 도시에 나가 일을 하시면서 우리 가족의 생활비를 버셨지요. 어머니는 한 달에 한 번 정도 우리가 살던 시골집에 오셨습니다.

불과 몇 시간의 아쉬운 만남 뒤에 어머니가 다시 일터로 돌아가기 위해 대문을 나설 때, 어머니를 배웅한 건 언제나 저였습니다. 버스 정류장까지 30분 정도 걸어가는 동안 어머니와 이야기하기 위해서였습니다. 대화의 주제는 주로 공부와 학교생활이었지요.

저는 어머니가 시키지 않아도 학교생활과 공부, 성적, 친구 관계 등 모든 얘기를 술술 털어놓았습니다. 그 이유는 단 하나. 저의 어머니는 제 이야기를 잘 들어주셨거든요. 설령 제가 부끄러운 얘기를 해도 (제가 물어보기 전까지는) 어떠한 판단과 조언도 함부로 하지 않으셨습니다.

예컨대 제가 "엄마, 오늘 숙제를 안 해 갔는데 운이 좋아 안 걸렸어요. 하하"라고 말하면 보통의 어머니들은 어떻게 반응하셨을까요? "그게 좋아할 일이냐? 그래도 숙제는 무조건 해야지"라고 곧바로 훈계했을 겁니다. 그러나 제 어머니는 웃으시면서 "그 선생님 눈이 안 좋으신가 보네"라고 대답하시는 식이었습니다. 만약 그때 어머니가 제 말에 곧바로 훈계를 늘어놓으셨다면 아마도 저는 '내가 다시는 학교 얘기를 꺼내나 봐라'라고 마음먹었을 것 같습니다.

"아이가 제 말을 안 들어요"라고 하소연하시는 부모님이 많습니다. 그런데 사춘기가 시작되면 아이들은 원래 그렇습니다. 부모의 말에 귀를 막아야 비로소 자기 생각이 생기기 때문에 어쩌면 그건 인간의 자연스러운 발달 단계라고도 할 수 있지요. 성인이 되어 가고 있다는 증거입니다.

따라서 이 시기의 아이와 좋은 관계를 유지하려면, 일단 아이의 말을 끊지 말고 잘 들어 주셔야 합니다. 듣는 중간중간에 "그랬구나, 화가 많이 났겠네"처럼 아이의 감정에 공감하는 일도 필요합니다. 물론 듣다 보면 속이 터지는 소리도 많을 겁니다.

하지만 대부분 상황에서 아이 본인도 이미 정답을 알고 있습니다. 과제를 안 하면 감점을 받고, 공부를 안 하면 성적이 떨어지며, 이 모든 게 자신의 미래에 큰 영향을 미친다는 걸 이미 잘 알고 있지요. 그런 당연한 사실을 또 말해 봤자 듣는 사람의 반발심만 부

청소년 자녀를 둔 부모님들께

를 뿐 부모가 원하는 결과가 이뤄지는 것도 아닙니다.

그러니 곧바로 정답을 말해 주고 싶어 입이 간지러우시더라도 딱 10분만 참고 들어 주세요. 이때 그저 고개만 끄덕이며 듣지 마시고 ① 진심으로 궁금해하며 질문도 던져 보고 ② 맞장구도 쳐 주고 ③ 아이의 감정을 읽어 주세요. 물론 옳다 그르다의 판단이라든가, 조언이 필요한 상황도 있습니다. 그런 때도 "그땐 네가 이렇게 했어야지!"라는 지시형의 문장보다 "방금 든 생각인데 그럴 땐 이렇게 하는 게 좋지 않을까?"라는 식으로 에둘러서 권유해 보세요.

이렇게 대화를 하는 부모님의 자녀들은 하나같이 저에게 말하더군요. "제 인생의 가장 믿음직한 조언가는 바로 우리 부모님이에요"라고요.

훈계할 땐 가치평가 대신
오로지 사실만

수험생 자녀가 PC방에서 놀다가 밤늦게 들어오거나, 방학이랍시고 해가 중천에 뜨도록 침대에 누워 있다면 부모로서는 꾸중을 안 할 수가 없습니다. 그런데 꾸중을 하면 자녀는 가만히 있나요. 왜 간섭이냐며 대들고, 상관하지 말라며 소리를 지르기도 합니다. 이처럼 부모로서 훈육해야 마땅하지만 자녀가 반발하는 상황에서는 어떻게 해야 할까요?

만약 부모가 화가 나서 "넌 어떻게 된 애가 매일 늦게 들어오니?"라고 하는 경우, 자녀의 다음 대사는 안 봐도 뻔합니다. "내가 언제 매일 늦었어요? 어제는 일찍 들어왔잖아요!"라고 하겠지요. 그래서 부모가 "그저께도 늦게 왔잖아!"라고 하면 "그때는 일찍 오려다 친구 얘기 잠깐 들어 준 거라고 했잖아요?"라며 항변합니다. 이제 훈육은 온데간데없고 "어디서 꼬박꼬박 말대답이야. 그럼 너는 지금 네가 잘했다는 거야?" 이런 식의 말싸움, 감정싸움으로 흐르게 되지요.

어디서부터 잘못된 걸까요? 바로 부모의 첫 대사입니다. 물론 부모로서는 자녀가 약속을 어기고 늦게 들어오면 화가 나는 게 당연합니다. 그래도 그 상황에서 부모가 "왜 맨날 늦냐?"라고 말해 버리면 "매일 늦은 건 아닌데요?"라고 받아칠 빌미만 자녀에게 던져 주는 꼴이 됩니다. 이 경우 다시 부모가 "말꼬리 잡지 마. 지금 내가 그 얘기를 하는 게 아니잖아!"라고 해 봤자 자녀는 자신의 행동을 반성하기보다는 부모가 권위로 나를 찍어 누르고 있다며 억울해할 뿐이겠지요.

간단한 해결책이 있습니다. 훈육할 때는 상대방의 행동에 대한 주관적인 평가가 담긴 어휘를 쓰지 않고, 객관적인 사실만 얘기하는 겁니다. 예컨대 '매일 늦는 사람'이라는 것은 그 사람에 대한 평가가 담긴 말입니다. 그런데 사람은 누구라도 자신을 안 좋게 평가하면 반발심부터 생깁니다. 그런 저항을 최소화하고 자신의 행동을 반성하게 만들려면 객관적인 사실만 언급해야 합니다.

예컨대 "오늘도 늦었네? 어제도 늦더니……. 혹시 무슨 일 있니?"라고 묻는 경우는 어떨까요? 이렇게 말하면 자녀는 맞받아치고 싶어도 받아칠 게 없습니다. 어제 늦은 것도 사실이고, 오늘 늦은 것도 사실입니다. 화가 나서 엄마 말을 꼬투리 잡고 싶어도 잡을 건더기가 없지요. 게다가 요새 무슨 일이 있는지 묻고 있을 뿐, 나를 폄훼하는 게 아니니 딱히 화를 낼 명분이 없습니다.

부록

이렇듯 만약 피치 못하게 자녀를 훈육해야 한다면 대화의 첫 단추는 '상대와 내가 둘 다 인정할 수밖에 없는 객관적 사실'로 시작해야 합니다. 시작부터 부모의 주관적인 판단이 들어간 말, 예컨대 "어딜 싸돌아다니다 이제 와!" 또는 "엄마 말이 말 같지 않아?" 같은 과격한 표현이 나오면 그건 제대로 한번 싸워 보자는 선전포고와 같습니다.

　공부에 관해서 얘기할 때도 마찬가지입니다. "성적이 떨어졌네? 얼씨구, 매일 놀더니 꼴좋다!"로 시작하는 것과 "저번에는 수학이 84점이었는데, 이번에는 81점이네?"로 시작하는 것은 그 뒤에 이어질 장면이 완전히 다릅니다. 효과도 당연히 다르겠지요.

청소년 자녀를 둔 부모님들께

미안하다고 말하는 게
지는 건 아닙니다

자녀와 언성을 높여 얘기하다 보면 '아, 이건 내가 잘못했구나.' 하고 느껴질 때가 간혹 있습니다. 그렇지만 싸우다 갑자기 "그래, 그건 엄마가 미안하다"라고 말하는 게 쉽지는 않지요. 게다가 그 경우 내 말의 권위가 떨어지는 것 같아 아이에게 도움이 안 될 것 같고, 어차피 아이의 잘못된 행동 때문에 시작된 훈계니만큼 이참에 확실히 기선을 제압해야겠다는 생각도 듭니다.

예컨대 아이가 "왜 소리를 질러요?"라고 항변하면 속으로는 '어라, 내가 나도 모르게 소리를 질렀나?'라는 생각이 들지만, 겉으로는 "그럼 내가 소리를 안 지르게 생겼어?"라고 말해 버립니다.

하지만 아이는 그때부터 마음의 문을 닫습니다. 부모가 불공정하다고 느낍니다. (소리를 지르면 안 된다는) 원칙이 부모에겐 적용되지 않고 자신에게만 강요된다고 느끼니까요. 그러면 부모가 뭐라고 훈육하거나 조언하든, 자녀는 '자기도 안 그러면서 왜 나한테만 그래?'라고 생각하게 되지요.

그러니 자녀와 얘기하다가 내가 잘못했다는 생각이 들면 즉시 사과해야 합니다. 그게 오히려 부모의 권위를 세우는 겁니다.

부모가 "엄마가 소리를 지른 건 미안하다"라고 말했다는 건 무엇을 의미할까요? '아무리 화가 나도 사람에게 소리를 지르면 안 된다'라는 원칙을 엄마도 지키려고 노력한다는 메시지를 자녀에게 주는 겁니다. 엄마도 사람이라 실수할 수는 있지만 그 실수를 지적받았을 때 즉시 수긍하고 고치려 노력하는 모습을 보여주는 겁니다.

그런데 "자녀에게 미안하다고 말해 주세요"라는 저의 조언을 가끔 잘못 적용하시는 분이 있습니다. "엄마가 너에게 좀 더 잘해 주지 못해서 미안해"라는 사과가 대표적입니다. 원래 부모는 항상 자녀에게 미안하지요. 더 잘해 주지 못해서, 더 좋은 환경을 만들어 주지 못해서 미안합니다. 그러나 그 말도 한두 번이지 계속 반복되면 듣는 사람으로서는 짜증이 납니다. '뭐야, 내가 그렇게나 엄마에게 힘든 존재였어? 그렇게 맨날 미안하게 살 거면 왜 나를 낳았어?'라는 생각마저 듭니다.

게다가 이상한 점은 "좀 더 잘해 주지 못해 엄마가 미안해"라고 말하는 부모도 의외로 자기 잘못을 인정하는 사과는 잘 하지 않는 경우가 많다는 겁니다. 그건 자존심이 상하는 일이니까요. 사랑을 많이 주지 못한 것은 자존심이 상할 일까지는 아니지만 방금 대

청소년 자녀를 둔 부모님들께

화에서 엄마가 잘못했다고, 너를 그렇게 대하면 안 되는 거였다고 인정하는 것은 자존심이 상하거든요.

제가 드리는 조언은 그럴 때 사과하시라는 겁니다. 사과한다고 지는 게 아닙니다. "엄마가 너에게 지키라고 했던 원칙을 엄마가 못 지켰구나. 그래서 네가 그렇게 억울하고 화가 났겠구나. 그건 내가 미안하다. 나도 모르게 그렇게 돼 버렸어. 앞으로 고치려고 노력할게"라고 사과하는 부모 앞에서 자녀는 어떤 태도를 보일까요? 더는 대들 수 없습니다. 그리고 그런 모습을 보이는 부모를 존경하게 되지요. 자기는 못 하는 걸 부모는 하고 있으니까요. 부모의 권위란 그럴 때 바로 서는 겁니다.

'나'를 주어로 말하면 명령보다 강력한 효과가 있습니다

물론 자녀를 훈계하려고 시작한 대화가 부모의 사과로 끝나는 것은 부모로서는 원하는 장면이 아닐 겁니다. 엄마를 굴복(?)시켰다는 생각에 자녀가 기고만장해질까 걱정도 되지요. 괜찮습니다. 지금부터 제가 말씀드릴 비장의 무기로 대화를 마무리하시면 됩니다. 그럼 애초의 목적, 즉 자녀의 행동을 바꾸는 결과를 끌어낼 수 있습니다. ① '지시형' 문장이 아닌 ② '내'가 주어가 된 문장으로 ③ '나의 감정'을 아이에게 이야기하는 겁니다. 제 경험상 이것은 거의 100퍼센트의 확률로 아이의 행동을 바꾸는 힘이 있습니다.

예컨대 "앞으로는 싸돌아다니지 말고 일찍 들어와라!"라고 명령조로 이야기하면 어떨까요? 만약 자녀가 부모를 무서워한다면 몇 번은 일찍 들어올지도 모릅니다. 하지만 그건 오래가지 않습니다. 왜냐면 그건 단지 엄마를 화나게 만들지 않기 위해, 즉 행동의 동기가 타인에게 있기 때문입니다.

반면 사람은 자기 자신을 위한 행동이라면 저절로 하게 됩니다.

그 행동을 하면 내가 좋은 사람이 되고, 그렇게 하지 않으면 죄책감이 들 때 사람은 누가 시키지 않아도 그렇게 행동하게 되지요. 따라서 "일찍 들어와"보다, "네가 늦게 들어와서 엄마가 많이 걱정했어"라고 말하는 게 더 효과가 있습니다. 상대방에게 지시하지 않고 너의 행동으로 인해 '내'가 '어떤 감정을 느꼈는지'를 말하는 겁니다. 이게 백 마디 명령보다 더 강력합니다.

"엄마는 네가 오늘처럼 약속을 안 지키면 서운한 마음이 든다." 또는 "엄마는 네가 늦게 오면 무슨 일이 있는지 걱정이 된다." 하는 식으로 말을 하면 자녀는 절대 "왜 간섭이야!"라며 대들 수가 없지요. 오히려 미안해집니다. 자신을 걱정해 주는 사람에게 어떻게 화를 내겠습니까.

만약 다음 날, 귀가 시간이 늦어진다면 아이는 어떤 생각을 하게 될까요? 어서 집에 들어간다는 행동을 하지 않으면 자신을 걱정하는 엄마의 마음을 모른 척하는 사람이 되고 맙니다. 스스로 그런 사람이 되고 싶어 하는 사람은 아무도 없습니다. 좀 더 가치 있는 행동을 하고 싶다는 마음, 좀 더 나은 사람이 되고 싶다는 마음은 누군가에게 받은 지시보다 훨씬 강력한 힘을 발휘합니다. 그리고 그건 한마디 말로도 불러일으킬 수 있는 마음입니다.

과거의 일을 꺼내는 건
반칙입니다

"너 또 PC방 갔지?"

"아니에요. 독서실에서 바로 오는 거예요."

"그걸 믿으라고? 너 저번에도 독서실 간다고 거짓말하고 PC방 갔다가 나한테 걸렸잖아!"

"아, 진짜! 왜 못 믿으세요? 그러는 엄마는 핸드폰 새로 사 준다고 했으면서 아직도 안 사 주고 있잖아요. 그럼 그건 사기 친 거 아니에요?"

"어머 애 좀 봐! 너 엄마한테 말버릇이 그게 뭐야?"

"말버릇? 그럼 제가 틀린 말 했어요? 그리고 갑자기 왜 말투로 트집 잡아요? 지가 불리하니까 딴소리하는 것 봐."

"야, 너 지금 뭐라 그랬어!"

쾅 (방문 닫는 소리).

이 대화는 왜 아무런 소득도 없이 서로 감정만 상하며 끝났을까요? 이유는 대화의 첫 시작에서 부모가 과거의 일을 꺼냈기 때문입니다. 물론 자녀가 중요한 잘못을 범했고, 그 일이 반드시 교정돼야만 하는 일이라면 부모는 마땅히 자녀를 훈육해야 합니다. 대신 나중에 그 일을 다시 끄집어내는 일은 없어야 합니다. 대화하다가 과거의 일을 꺼내는 건 일종의 반칙입니다. 과거 얘기를 꺼내는 순간 건설적인 대화는 끝이 나고 진흙탕 싸움이 시작되지요.

그러니 과거의 일을 꺼내는 대신 이렇게 말해 보는 것은 어떨까요? "엄마는 네가 PC방에 게임을 하러 갔다고 생각했는데 넌 독서실에 갔다고 하니 그럼 엄마가 오해한 것 같구나. 미안하다. 하지만 엄마는 네가 중요한 시기를 놓칠까 봐 걱정돼서 그런 거였어. 그건 알아줬으면 좋겠다."

간혹 너무 화가 나서 자기도 모르게 옛날 일을 언급하실 수도 있습니다. 그러나 지혜로운 부모님이라면 그렇게까지 화가 나기 전에 자녀와의 대화를 잠시 미룰 것입니다.

자녀와의 대화가 언제나 기분 좋게 끝나는 것은 아닙니다. 혼란스러울 때도 많고 화를 참아야 하거나 속상할 때도 많습니다. 그래도 한 가지는 꼭 기억해 주셨으면 합니다. 아이들은 부모님의 이런 노력과 마음을 (부모에게 말은 안 하지만) 대부분 이미 알고 있습니다. 그리고 마음속으로 고마워합니다. 비록 겉으로는 그렇게 안 보일지도 모르겠지만요.

　예전의 제가 그랬고 지금 제 주위의 많은 학생이 그렇듯이, 아이들은 자신의 마음을 부모님께 표현하는 것에 매우 서툽니다. 아직은 어리니까요. 그래서 제가 예전에 저의 부모님께 하고 싶었지만 끝내 하지 못한 말, 지금 제 주위의 아이들이 부모님께 하고 싶어 하는 말을 대신 전해 드리며 글을 마무리하겠습니다.

　"고마워요, 엄마 아빠. 저의 부모님이 되어 주셔서."

청소년 자녀를 둔 부모님들께

초판 1쇄 발행 2009년 12월 15일
개정판 1쇄 발행 2015년 11월 27일
개정2판 1쇄 발행 2023년 4월 18일
개정2판 2쇄 발행 2023년 5월 19일

지은이 박철범
펴낸이 김선식

경영총괄이사 김은영

콘텐츠사업2본부장 박현미

책임편집 김단비 **책임마케터** 오서영

콘텐츠사업7팀장 김민정 **콘텐츠사업7팀** 김단비, 권예경, 이한결

편집관리팀 조세현, 백설희 **저작권팀** 한승빈, 이슬

마케팅본부장 권장규 **마케팅1팀** 최혜령, 오서영

미디어홍보본부장 정명찬 **영상디자인파트** 송현석, 박장미, 김은지, 이소영

브랜드관리팀 안지혜, 오수미, 문윤정, 이예주 **지식교양팀** 이수인, 염아라, 김혜원, 석찬미, 백지은

크리에이티브팀 임유나, 박지수, 변승주, 김화정 **뉴미디어팀** 김민정, 이지은, 홍수경, 서가을

재무관리팀 하미선, 윤이경, 김재경, 안혜선, 이보람

인사총무팀 강미숙, 김혜진, 지석배, 박예찬, 황종원

제작관리팀 이소현, 최완규, 이지우, 김소영, 김진경, 양지환

물류관리팀 김형기, 김선진, 한유현, 전태환, 전태연, 양문현, 최창우

외부스태프 표지 디자인 studio forb 본문 디자인 스튜디오 수박 표지 그림 디니

펴낸곳 다산북스 **출판등록** 2005년 12월 23일 제313-2005-00277호
주소 경기도 파주시 회동길 490 다산북스 파주사옥
전화 02-704-1724 **팩스** 02-703-2219 **이메일** dasanbooks@dasanbooks.com
홈페이지 www.dasan.group **블로그** blog.naver.com/dasan_books
용지 IPP **인쇄** 민언프린텍 **제본** 국일문화사 **코팅 및 후가공** 제이오엘엔피

ISBN 979-11-306-9908-0 (13370)

다산북스(DASANBOOKS)는 독자 여러분의 책에 관한 아이디어와 원고 투고를 기쁜 마음으로 기다리고 있습니다.
책 출간을 원하는 아이디어가 있으신 분은 다산북스 홈페이지 '원고투고'란으로 간단한 개요와 취지, 연락처 등을 보내주세요.
머뭇거리지 말고 문을 두드리세요.